Cooperação e desenvolvimento humano

FUNDAÇÃO EDITORA DA UNESP

Presidente do Conselho Curador
Marcos Macari

Diretor-Presidente
José Castilho Marques Neto

Editor Executivo
Jézio Hernani Bomfim Gutierre

Assessor Editorial
João Luís C. T. Ceccantini

Conselho Editorial Acadêmico
Antonio Celso Ferreira
Cláudio Antonio Rabello Coelho
Elizabeth Berwerth Stucchi
Kester Carrara
Maria do Rosário Longo Mortatti
Maria Encarnação Beltrão Sposito
Maria Heloísa Martins Dias
Mario Fernando Bolognesi
Paulo José Brando Santilli
Roberto André Kraenkel

Editora Assistente
Denise Katchuian Dognini

Carlos Lopes

Cooperação e desenvolvimento humano

A agenda emergente para o novo milênio

© 2005 Editora UNESP

Direitos de publicação reservados à
Fundação Editora da UNESP (FEU)
Praça da Sé, 108
01001-900 – São Paulo – SP
Tel.: (0xx11) 3242-7171
Fax: (0xx11) 3242-7172
feu@editora.unesp.br
www.editoraunesp.com.br

CIP – Brasil. Catalogação na fonte
Sindicato Nacional dos Editores de Livros, RJ

L851c
    Lopes, Carlos, 1960-
       Cooperação e desenvolvimento humano: a agenda emergente para o novo milênio / Carlos Lopes. – São Paulo: Editora UNESP, 2005.

       Inclui bibliografia
       ISBN 85-7139-620-5

       1. Política internacional. 2. Relações internacionais. 3. Cooperação internacional. 4. Desenvolvimento social. 5. Desenvolvimento econômico – Aspectos sociais. I. Título.

05-2721   CDD 327
                                                                                            CDU 327

Editora afiliada:

Asociación de Editoriales Universitarias de América Latina y el Caribe

Associação Brasileira de Editoras Universitárias

Em memória de Sharon Capeling-Alakija,
a quem dedico este livro

"Uma mão não se lava sozinha!"
(Provérbio Tswana)

Sumário

Lista de abreviaturas 11

Prefácio 15

Apresentação 19

Introdução 21

1. Uma revisão da literatura sobre
   desenvolvimento de capacidades e cooperação técnica 43

   Debate metodológico 44

   Monitoramento e avaliação 53

   Cooperação técnica 61

2. Inovações institucionais 71

   Prioridades antigas 73

   Prioridades novas 76

Carlos Lopes

Desenvolvimento como transformação   85

Da transferência de conhecimento à sua aquisição   92

Desenvolvimento de capacidades na era das redes   102

3. Velhos dilemas   109

A busca pela felicidade   110

Desenvolvimento de capacidades e responsabilização   115

Valores   125

A nova agenda de desenvolvimento emergente   136

4. Desafios atuais   141

O discurso e o diálogo sobre
as estratégias de redução de pobreza   144

Estratégias para desenvolvimento sustentável   154

Migração e fuga de cérebros   157

Desenvolvimento de capacidades e negociações comerciais   168

Glossário   177

Referências bibliográficas   181

Anexos   193

Lista de abreviaturas

ACP	Avaliação Comum para o País (CCA, correspondente a *Common Country Assessment*)
ADI	Assistência para o Desenvolvimento Internacional
AOD	Assistência Oficial para o Desenvolvimento
AT	Assistência Técnica
BDA	Banco de Desenvolvimento da Ásia
C&T	Ciência e Tecnologia
CAD	Comitê de Assistência para o Desenvolvimento da OECD
CCI	Centro de Comércio Internacional
CT	Cooperação Técnica
DFID	Departamento Britânico para o Desenvolvimento Internacional (*Department for International Development*)

Carlos Lopes

ERPs	Estratégias de Redução da Pobreza (*Poverty Reduction Strategy Papers*)
EDNSs	Estratégias Nacionais de Desenvolvimento Sustentável
FMI	Fundo Monetário Internacional
M&A	Monitoramento e Avaliação
MAD	Modelo Abrangente de Desenvolvimento (*Comprehensive Development Framework*)
OECD	Sigla em inglês da Organização de Cooperação e Desenvolvimento Econômicos (*Organization for Economic Cooperation and Development*)
OIM	Organização Internacional para a Migração
OIT	Organização Internacional do Trabalho
OMC	Organização Mundial do Comércio (ILO, correspondente a *International Labour Organization*)
ONG	Organização Não-Governamental
PCATI	Programa Conjunto de Assistência Técnica Integrada
PEAT	Programa Estendido de Assistência Técnica (*Expanded Programme of Technical Assistance*)
PNUD	Programa das Nações Unidas para o Desenvolvimento (UNPD, correspondente a *United Nations Development Programme*)
PPME	Iniciativa da Dívida para os Países Pobres Muito Endividados
SIDA	Agência Sueca de Cooperação para o Desenvolvimento Internacional
SWAPs	Abordagens setoriais (da sigla em inglês *SectorWide Approaches*)

Cooperação e desenvolvimento humano

TCEN Transferência de Conhecimento por Expatriados Nacionais (sigla em inglês TOKTEN, para *Transfer of Knowledge Through Expatriate Nationals*)

UNCTAD Conferência das Nações Unidas para o Comércio e o Desenvolvimento (correspondente à sigla em inglês para *United Nations Conference on Trade and Development*)

UNDAF Estrutura para Assistência de Desenvolvimento das Nações Unidas (correspondente a *United Nations Development Assistance Framework*)

UNDP Ver PNUD

UNICEF Fundo das Nações Unidas para a Infância (correspondente a *United Nations Children's Fund*)

Prefácio

Cooperação e desenvolvimento humano: a agenda emergente para o novo milênio é o primeiro livro de Carlos Lopes que se publica no Brasil. No entanto, esse guineense de Canchungo é autor ou organizador de 20 livros, o primeiro dos quais sobre etnia, Estado e relações de poder na Guiné-Bissau, editado em francês, em 1982, quando tinha apenas 22 anos. Datam, porém, dos seus 19 e 20 anos os mais antigos dos vários trabalhos que reuniu em *Para uma leitura sociológica da Guiné-Bissau*, publicado em 1987; um volume de ensaios no qual se pode traçar a evolução do desconforto de um jovem sociólogo com os rumos que tomavam seu país natal, a África e o mundo, sem que o desencanto e o sentimento de falência expulsem de seu espírito a esperança.

Em um livro de crônicas muito posterior – e de histórias que o autor não se atreveu a chamar contos, porém são contos e, alguns, excelentes –, Carlos Lopes caricatura o que fizeram com sua terra, mas sem tirar das palavras uma carga de saudade. Não há nesses textos de *Corte geral*, lançado em Lisboa em 1997, marca de escárnio, mas, sim, uma bondosa ironia diante das expectativas frustradas. Os desencontros entre o que se quis e o que se fez, entre a vontade e a realidade, entre o sonho alto e o raso da vida diária, desembocam num grotesco em que não falta comicidade nem escondem a pungência de certas situações, diante das quais Carlos Lopes finge que ri, mais solidariamente triste do que indignado ou amargo.

Sua obra magna, *Kaabunké: Espaço, território e poder na Guiné-Bissau, Gâmbia e Casamance pré-coloniais*, nos mostra, em última análise, como o desconhecimento das suas raízes, ou o descaso por elas, explicaria os descaminhos por que seguiu a Guiné-Bissau. Trata-se de um livro no qual Sociologia e História se entretecem numa bela tapeçaria, para nos revelar em grandes dimensões (sem que lhe faltem, contudo, os pequenos pormenores), o reino do Gabu (Cabo, Caabu, Cabul, Guabbu, Kabu ou Kaabu), cuja crônica se estende do século XIII ao XIX. Embora controlado pelos mandingas, o Gabu englobou em suas fronteiras povos muito diferentes, tendo sido, assim, plurinacional, como o foi o império do Mali, de que é herdeiro. Carlos Lopes nos diz ao ouvido, entre outras coisas, que, ao ter como passado estruturas políticas desse tipo, à Guiné-Bissau, como, de resto, aos demais novos países africanos, não se podia aplicar o modelo de Estado nacional que se impôs na Europa, sobretudo a partir do fim do século XVIII.

Kaabunké é um livro importantíssimo, um grande livro, sem o qual não se pode mais estudar aquela região da África a que se dá habitualmente o nome de Alta Guiné. É um livro bem pesquisado e bem pensado, de um sociólogo e historiador que alcançou a maturidade antes dos 40 anos de idade e soube ver o passado na perspectiva do futuro. Pois é sobre o futuro que Carlos Lopes mais tem meditado. Como não poderia deixar de ser em quem, desde rapaz, se voltou para os problemas do desenvolvimento econômico e social e para o planejamento estratégico.

Cooperação e desenvolvimento humano

O capítulo que abre este seu novo livro, *Cooperação e desenvolvimento humano: a agenda emergente para o novo milênio*, já indica que o pensador político e teorizador da cooperação internacional se firma nas pernas fortes do historiador e do sociólogo. Desde a promessa de seu título, "Desenvolvimento e ética", ficamos a saber que algo de novo e instigante nos espera. E não tardamos em encontrar alterada a antiga lição sobre os fatores produtivos, ao ver adicionados aos três clássicos, terra, capital e trabalho, um outro, cada vez mais importante: o conhecimento. Disso decorre que a agenda de Carlos Lopes para este novo milênio tenha por principal fundamento a mudança nos processos de aquisição, divulgação e partilha do saber.

Ao rememorar os sucessivos estágios da cooperação internacional para o desenvolvimento, a redução das diferenças entre as nações e a erradicação da pobreza, ele nos propõe que repensemos o assunto com imaginação e audácia. E começa por fazê-lo ele próprio, com o rigor de um estudioso maduro e o entusiasmo de um jovem. E é isto o que se vai ler nesta espécie de longo e bem fundamentado manifesto, no qual o guineense de Canchungo, com o coração para sempre em sua terra, nos fala do que é e do que pode ser o mundo.

Alberto da Costa e Silva

Apresentação

Este livro veio na seqüência de vários trabalhos feitos no âmbito do programa de "Reforma de Cooperação Técnica para a Capacitação para o Desenvolvimento", que, com Thomas Theisohn, lancei no Departamento de Políticas de Desenvolvimento, do Programa das Nações Unidas para o Desenvolvimento entre 2001 e 2003. Esse programa de pesquisa foi muito produtivo, sendo este livro uma espécie de seleção de alguns dos trabalhos mais importantes que consubstanciaram minha participação. O texto do capítulo 2 foi escrito juntamente com dois colegas do PNUD, Sakiko Fukuda-Parr, diretora responsável pelo Relatório de Desenvolvimento Humano global, e Khalid Malik, na época diretor do Departamento de Avaliações. A eles, bem como a Thomas Theisohn, devo um reconhecimento especial pelo diálogo intelectual e a memória de realizações conjuntas.

Outros textos do livro foram parcialmente publicados em outras línguas no quadro de apresentações para conferências ou contribuições para debates conceituais. O conjunto não segue uma rígida estrutura de formulação, mas mesmo assim achei importante que pudessem aparecer dessa forma. Para tanto devo o reconhecimento de José Castilho.

Este livro é dedicado a Sharon Capeling-Alakija, uma canadiana singular que dirigiu a Unifem e os Voluntários das Nações Unidas e que um câncer vitimou em 2004. Foi uma perda pessoal imensa, pois Sharon, com quem trabalhei, era uma confidente estimada, além de ser fonte constante de inspiração intelectual. Muitas das idéias que retrata o livro foram primeiro esboçadas em conversas com Sharon. A sua memória será agora uma companhia de outra índole.

Para a preparação deste volume foi-me indispensável o apoio de Camila Teixeira, que atuou como minha assistente de pesquisa. Sua dedicação foi sempre extraordinária e sem seu apoio este livro não teria sido feito. A ela meu profundo agradecimento.

Este texto não representa as opiniões das Nações Unidas ou do Programa das Nações Unidas para o Desenvolvimento, assumindo eu inteira responsabilidade pelo conteúdo.

Carlos Lopes
Brasília, 2004

Introdução

Definida de forma vária a transformação do mundo, a que assistimos desamparados, provoca uma gravitação dos processos econômicos, sociais e culturais, fazendo-nos perder referências familiares e sentimentos confortáveis. As mudanças significativas na nossa noção de espaço e tempo questionam premissas históricas, agora invadidas por um acúmulo de informação, acesso mais fácil a comunicações e certa revolução nos métodos quantitativos. A globalização é vista como processo de riscos e oportunidades, desenhada em função da capacidade de inserção e aproveitamento da economia mundial, caracterizada por desafios novos e fortes; e da acentuação da polarização e heterogeneidade.

A falta de preparo para enfrentar este admirável mundo novo pode resultar em formas novas de exclusão, provocadas, por exemplo, pela grande mobilidade de capital, bens e serviços, enquanto se restringe a livre mobilidade da mão-de-obra, ou seja, das pessoas. É, assim, natural que os mecanismos de regulação global reflitam essas prioridades assimétricas. Eles não garantem uma coerência na utilização dos preceitos de mercado, já que tendem a privilegiar políticas macroeconômicas que obtenham uma adequada rentabilidade e tributação do capital financeiro, o capital dominante.

Vão-se, entretanto, gerando tensões palpáveis, nas outras formas de equilíbrio necessárias para expandir as oportunidades de todos. Tais deficiências repercutem nas formas de governabilidade dos problemas mundiais. E assim floresce um crescente apelo a formas de cidadania global. Trata-se de um cardápio complexo que obriga a refletir sobre a relação desenvolvimento e ética.

A globalização é um fenômeno multidimensional que se inscreve na internacionalização da economia mundial. Pretender que o seu lócus se limite ao comércio e investimento, finanças ou regimes macroeconômicos, não faz sentido. As assimetrias que cria mudam os comportamentos e instituições e têm um impacto direto na vivência cultural. O apelo à diversidade e o papel das imigrações contemporâneas, por exemplo, têm de ser analisados com uma acuidade superior.

A ética e sua releitura da moral podem ajudar a melhor definir o novo papel do desenvolvimento. A adoção de políticas que respeitem a multiidentidade e multiculturalidade é a única abordagem sustentável de desenvolvimento. Contrariamente às teses sobre o choque de civilizações (Huntington, 1996), o mundo precisa reconhecer que não existem identidades puras e o caminho a seguir é o reconhecimento de uma dimensão singular a todas as manifestações de caráter identitário (Ribeiro, 2003). A resistência xenófoba à diversidade cultural sustentou-se no passado pela defesa, autenticidade e caráter nacional. Hoje ela se esconde em políticas de intolerância glorificadoras de tradições herdadas, ou versões ortodoxas de catequeses religiosas. O desenvolvimento humano, definido como uma cons-

Cooperação e desenvolvimento humano

tante expansão das oportunidades dos indivíduos e sociedades, merece e precisa da defesa das liberdades culturais de todos e de cada indivíduo.

Para melhor entender esses desafios, imaginemos seis perguntas que nos ajudem a caminhar para uma compreensão mais ampla do mundo atual.

Qual o legado histórico da globalização?

Os seres humanos inteligentes sempre acham que vivem numa época singular, cheia de acontecimentos únicos e marcantes. Há um pouco de verdade nessa percepção, mas muito dessa verdade também é ofuscado por uma sobrevalorização da diferença em relação a épocas passadas. Em termos de conteúdo universal, os dilemas das sociedades humanas muitas vezes são repetitivos. Por exemplo, o alargamento da democracia para além dos eleitos cidadãos é um tema que ainda não se esgotou desde a Grécia antiga. Os debates recentes sobre a democracia representativa mostram que nem o sufrágio universal resolveu a questão dos direitos políticos e da plena cidadania.

Se a globalização é um processo de identificação das relações entre sociedades, então temos que admitir que isso acontece há milhares de anos e já nos trouxe: dissabores históricos como o tráfego de escravos; ou vantagens como a divulgação dos conhecimentos científicos, expansão do comércio ou maior intercâmbio entre os povos. Estudos recentes na Itália e Inglaterra mostram que existem muitas semelhanças entre a época atual e o final do século XIX.[1] A proximidade que todos temos

---

1 Em artigo assinado por Burke (2004), ele menciona as teses defendidas por Carlo Fumian, segundo as quais a globalização surgiu como tomada de consciência intelectual em 1870-1914 e logo foi catapultada por Theodore Levitt a uma dimensão mais midiática em 1980. Burke refere também um livro recente escrito por Christopher Baily, em que ele chama de crise o perío-

do tempo dos nossos avós e bisavós é bem maior do que normalmente admitimos (Burke, 2004).

O que nos faz ter a sensação de vivermos um momento paradigmático é o fato de o poder enorme de destruição já não ser privilégio dos mais fortes. O terrorismo contemporâneo introduziu o medo nas sociedades ocidentais e universalizou a insegurança humana para os territórios protegidos: cidades, subúrbios de classe média, ou países ricos. Em vez da inspiração iluminista de uma sociedade mais integrada, ou das promessas do socialismo ou da socialdemocracia de uma sociedade mais igualitária, repartindo os serviços de um Estado-providência, estamos perante a civilização do medo. O medo como conseqüência direta da distribuição desigual e da concentração de riqueza sem precedentes. Aliás, o grande erro do projeto iluminista foi dar importância desmesurada à transformação e à conquista do mundo objetivo, em relação à questão dos desejos e ao lado contemplativo da realidade humana (Gianetti, 2002).[2]

O projeto civilizatório ocidental não conseguiu, nem consegue, domar a revolta dos que não têm nada a perder e se refugiam na intolerância e recusa dos valores democráticos. A globalização causou – isso mesmo – uma crise de valores!

Questionar os valores faz parte do percurso da humanidade. Também neste quesito a originalidade em relação ao legado histórico é diminuta. Os grandes momentos da história estão marcados precisamente por terem trazido, mais do que aconteci-

---

do 1780-1820, durante o qual a assimilação dos princípios da Revolução francesa e o impacto do Império napoleônico criaram as condições para uma "grande aceleração" das transformações em 1890-1914. Existem muitas outras versões sobre o início da globalização, porque a própria terminologia de globalização ou mundializacão se presta a vários equívocos.

2 Segundo Gianetti (2002), "todo o sofrimento humano, não importa qual seja, resulta de uma incongruência entre a nossa vontade e desejos, de um lado, e o curso dos acontecimentos que nos afetam, de outro"; ou seja "nenhum homem jamais seria infeliz se ele pudesse alterar os seus sentimentos" ou ... a sua realidade.

Cooperação e desenvolvimento humano

mentos de monta, uma discussão dos princípios éticos das sociedades: à volta de Deus, do homem – visto na sua dimensão eterna e imutável de humanismo – ou da natureza, como fonte a-histórica da moral. Estas três concepções procuram a moral fora do homem concreto, histórico e social, assumindo, justamente, que o comportamento moral se encontra no homem desde que existe. A moral, porém, muda e avança conforme as sociedades se desenvolvem (Vasquez, 2003).

A mudança moral por sua vez nos coloca perante a necessidade de definir as causas e fatores que a determinam. O recuo histórico é o primeiro passo: por meio deste entendemos e colocamos a discussão no trilho certo, que é saber se existe um progresso moral das sociedades (ibidem).

Num mundo em que qualquer grupúsculo pode se armar até os dentes e obter informações com intenções nocivas e letais, há necessidade de entender qual o desafio moral que nos levou a essa situação? Não estará nossa crise de segurança relacionada com nossa crise de solidariedade? Não estarão nossos princípios de liberdades individuais distorcidos no básico respeito à diferença? Onde se coloca o limite ao individual? Serão estas questões realmente novas?

A evolução do conceito de desenvolvimento tem muito a ver com tais interrogações. Durante os últimos sessenta anos criaram-se expectativas enormes de propagação de uma regulação internacional baseada na justiça e no direito, consagrados por uma panóplia de instrumentos jurídicos. O princípio da soberania serviu de base para as relações internacionais. O princípio de mercado orientou as receitas desenvolvimentistas, com maior ou menor presença do Estado, segundo vários modelos. Os organismos internacionais, os agentes reguladores de uma governabilidade mundial, serviram de árbitros para a construção dessa arquitetura que tinha na Declaração Universal dos Direitos Humanos sua página ética e moral.

O mundo foi mudando e hoje se interrogam princípios, como o da soberania, da não-agressão, ou do direito de resposta militar, como se viu recentemente na crise do Iraque. O fator paradigmático por trás das manchetes dos noticiários sobre esses assuntos é a emergência de um debate ético e de teor moralista. Só que a moral assim vista tem ângulos tão opostos como a polarização provocada pela própria globalização.

Um livro recente (Chang, 2003) apresenta uma argumentação interessante. Segundo Chang os países em desenvolvimento sofreram nas últimas décadas uma série de pressões, por parte do *establishment* econômico mundial, para adotar "boas políticas". Essas recomendações estreitaram a margem de manobra dos países e diminuíram as opções de política pública que os Estados dependentes podem usar. Entre tais políticas figuram as macroeconômicas restritivas, a liberalização do comércio internacional e dos investimentos, a privatização e a desregulamentação. Para além dessas políticas seria necessária uma boa governança que se caracterize por uma democracia liberal, uma burocracia aceitável, um judiciário independente, forte proteção aos direitos privados (incluindo os intelectuais) e uma regulação eficaz do mercado – sobretudo nas áreas financeiras, tal como um Banco Central independente. Muitas vezes se assume, de modo errado, que os países desenvolvidos evoluíram graças a essas características. O que Chang demonstra minuciosamente é que tal se trata de um segredo de polichinelo: os países desenvolvidos ou ricos não se enriqueceram com tais instituições ou políticas, antes as adotaram à medida que se foram desenvolvendo.

A "telescopagem" histórica é tanto compreensível como desprezível. Compreensível na medida em que, com a integração dos debates globais e a velocidade da informação, se tem muitas vezes a impressão de que todas as sociedades vivem no mesmo diapasão institucional e, por conseqüência, de princípios, nomeadamente éticos, também. Desprezível porque não se justifica que com o grau de sofisticação de análise disponível se

Cooperação e desenvolvimento humano

chute a escada depois de subir, como metaforicamente classifica Chang a atitude arrogante do *establishment*. Até que ponto não se está escondendo a receita do sucesso, através da utilização de uma força reguladora internacional (ibidem). Até que ponto se esquece do legado histórico da globalização em nome, justamente, de uma sociedade, dita, do conhecimento?

Uma sociedade do conhecimento ou da ignorância?

Podemos definir conhecimento como a organização da informação para responder a questões ou solucionar problemas. Conhecimento pode assim ser visto quer como fluxo ou atividade, quer como estoque dos produtos do fluxo. Enquanto o primeiro se relaciona com a dimensão criativa, o segundo é o resultado da acumulação de atos criativos de estruturação das idéias. Aprendizagem seria, assim, o acesso ao conhecimento (Murteira, 2004).

Durante muito tempo o saber tinha muito mais a ver com o *ser* do que com o *ter* e *fazer*, como parece ser hoje o foco. Não é, pois, de admirar que o conhecimento se tenha transformado, graças à evolução das tecnologias de informação e comunicação, num mercado, com regras próprias que delimitam o acesso em função de direitos privados de propriedade intelectual. E aqui está o paradoxo: nunca a informação e o conhecimento no mundo circularam tanto, mas estes são hoje restringidos por regras sólidas de estruturação do acesso. Os *logiciais* são uma forma de segmentação de mercado aos conhecimentos. A natureza do conhecimento científico é uma demonstração dessa concentração. Os mercados das indústrias criativas são outra.

A deslocação do alto valor agregado do colarinho azul para o colarinho branco é a metáfora para a economia do conhecimento. Mas tal metáfora tem de ser cautelosa.

Os inovadores do virtual são hoje o equivalente ao cambista no mercantilismo, ou o industrial no fordismo. O conhecimento implica capacidade para organizar a informação disponível, mesmo que não codificada, para responder a uma questão ou resolver um problema. Assim, tal como o investimento no chamado capital fixo, o conhecimento pode ser analisado em tempo determinado. Mas enquanto o capital fixo se desvaloriza com o tempo (ou seja, a capacidade produtiva se deprecia, por obsolescência ou desgaste), o mesmo não acontece, necessariamente, com o conhecimento. A sua acumulação aumenta o valor. Isto obriga a uma revisão da teoria do valor.

Por exemplo, está na moda propor – às corporações e entidades públicas – uma gestão do conhecimento. O âmbito dessa proposição é enorme. Presume-se, uma vez mais, que existe um nivelamento internacional e institucional que permitiria utilizar as mesmas técnicas de forma estandardizada. Na realidade a assimetria no acesso à informação tem repercussões na valorização do conhecimento. O conhecimento sobrevalorizado corresponde aos indivíduos e sociedades com maior poder econômico; o subvalorizado, aos indivíduos e sociedades com fraco acesso à divulgação, isolados de várias formas de participação, incluindo, evidentemente, a provocada pela divisão digital. Os modelos institucionais associados a determinada sociedade também são passíveis de sobre ou subvalorização.

Quando antes se falava em fatores produtivos, o pensamento econômico referia-se a bens tangíveis como terra, capital e trabalho. O tratamento da evolução técnica e tecnológica perturbou esta tríade, falando-se agora de capital fixo não incorporado ou fatores residuais não diretamente mensuráveis, para tentar captar o fator conhecimento. A análise defronta-se de chofre com a intangibilidade de mensuração do conhecimento, ao mesmo tempo que se reconhece a sua centralidade (ibidem).

Duas correntes ganharam força na tentativa de estabelecer os parâmetros da contribuição do conhecimento para o desen-

Cooperação e desenvolvimento humano

volvimento: as teorias sobre o capital humano e organizacional; e as relativas ao capital social. Sem querer entrar aqui no debate polêmico relativo a estas teorias, interessa reter que a questão do conhecimento muda radicalmente o nosso entendimento de como conceber desenvolvimento. Se desenvolvimento humano tem a ver com a expansão de oportunidades, o que pressupõe, como explica Sen (2002), uma idêntica expansão das liberdades, então a forma como se organiza o acesso, a divulgação e partilha de conhecimentos é crucial.

O estudo de um grupo de cientistas sobre o futuro do milênio (Glenn, 2003) concluiu que a maioria das pessoas não tem idéia da velocidade dos avanços na ciência e tecnologia. Áreas como a nanotecnologia, biotecnologia, inteligência artificial e ciências cognitivas terão progressos espetaculares nos próximos vinte e cinco anos. A produtividade de indivíduos e grupos dominadores dessas tecnologias será tão rápida que provocará novas interpretações éticas e morais. A fronteira dos conhecimentos entre estes grupos e uma maioria de marginalizados será tão grande que, enquanto uns estarão lidando com biométrica, cirurgia restaurativa do cérebro e dos olhos para aumentar a longevidade, outros continuarão a lutar pela sobrevivência.

A dimensão polarizante do conhecimento mais do que qualquer outra dimensão *demonstra* que quanto mais se sabe mais se pode ignorar a outrem. Uma boa amostra disso é a forma como a mídia está regulada. Deve-se olhar com cuidado a interface entre a atividade econômica do jornalismo e a ética de reportar. O poder e a riqueza podem corroer essa interface. Existe um fenômeno chamado *sinergia* que consiste em associar a mídia que chega ao indivíduo a toda uma cadeia de relações de dependência que permite às mesmas autoridades decidir sobre a publicidade num veículo de mídia em relação ao produto de outro veículo (revista, jornal, televisão, cinema, CD, DVD, *merchandising*, etc.) que é incompatível com a ética jornalística como princípio estruturante (Auletta, 2003). Uma cultura de mercado substitui uma cultura de notícias, baseadas na idoneidade. O Ibope passa a ser mais importante que o conteúdo. E não faltarão argumentos de que isso é a democratização das escolhas. Mas na realidade as escolhas diminuem. As concentrações do conhecimento e da informação permitem a grandes conglomerados decidir sobre o que divulgar, para quem e a que custo: um mercado segmentado que, paradoxalmente, é o resultado de um desdém por certo tipo de participação e conhecimento. Essa ignorância moral só pode ser corrigida através de princípios éticos comuns.

Que é comunidade internacional?

Em nome de princípios comuns ouve-se falar muito de comunidade internacional. O que é? Quem define seu conteúdo e prioridades? Quem decide quem é membro ou excluído?

Na mídia a expressão comunidade internacional é usada para projetar antropomorficamente uma entidade imaginária por trás daquilo que se pensa ser um consenso ou a opinião preponderante sobre determinado tema (Cravinho, 2002). Por vezes refere-se a uma resolução ou tomada de posição das Nações Unidas, esta mesma subdividida entre o seu Secretariado, com múltiplas agências e opiniões, e a Assembléia Geral ou o Conselho de Segurança – órgãos deliberativos com poder desigual. Outras vezes refere-se pura e simplesmente à opinião de um grupo majoritário de países. Várias vezes trata-se, apenas, da opinião de alguns países com influência mundial.

A idéia de comunidade definida por Max Weber caracteriza-se por laços de afetividade. Mesmo acompanhando o raciocínio de Weber segundo o qual as comunidades tendem a criar regras de racionalidade utilitária em vez das afetivas, transformando-se assim em sociedades, fica difícil imaginar que uma tal entidade internacional coesa exista. As comunidades por natureza são espontâneas, o que dificilmente se coaduna com as to-

Cooperação e desenvolvimento humano

madas de posição, normalmente sobre conflitos, que se prestam à comunidade internacional.

Se existisse uma sociedade internacional, ela teria regras como as do direito internacional, regulamentação diplomática ou práticas correntes. Ela deveria reger-se por comportamentos e princípios equivalentes à norma social, sendo que o mais importante deles tem a ver com a preservação da vida e do bem-estar. Senão não haveria incentivos para se cumprir normas e ter essa mesma expectativa de comportamento por parte de outros. Uma das distinções entre a anarquia e a sociedade tem a ver com essa previsibilidade (ibidem).

Hoje em dia a previsibilidade está seriamente ameaçada, tanto do ponto vista da segurança humana (a sociedade) como do da segurança pública (o indivíduo). Em ambos os casos tal insegurança altera as regras de convívio social e, por conseqüência, requer uma releitura do papel da estrutura mais próxima de sociedade internacional: as Nações Unidas.

Nas últimas décadas inúmeras conferências globais sob a égide das Nações Unidas tentaram mapear os déficits de previsibilidade: nas questões ambientais, científicas e humanas. Essas conferências atingiram seu ápice em 2000 quando, numa rodada histórica, a Assembléia do Milênio aprovou uma declaração que define parâmetros de convívio para o futuro. Estabeleceu-se um conjunto de objetivos, que visam à redução do fosso entre ricos e pobres, como pauta para esse convívio. Esse guião visa emprestar um sangue novo, uma nova bandeira ao trabalho das Nações Unidas. Em função dos resultados alcançados até 2015 – a data fetiche de referência para atingir esses Objetivos de Desenvolvimento do Milênio –, poderá ser introduzida uma previsibilidade que talvez permita uma nova segurança humana e pública. Trata-se de uma proposta moral, que será julgada necessariamente em termos morais. Para tanto se torna necessário entender em que bases se legitimarão as novas hegemonias.

Carlos Lopes

Que legitimidade emergirá no futuro próximo?

No campo das relações internacionais, uma das teses mais interessantes se inspira no argumento de que a uma ordem política internacional se sobrepõe outra, de cariz econômico, a qual é de natureza liberal. Para a última interessa a estabilidade que é oferecida pelo investimento de um poder hegemônico, digamos os Estados Unidos, mas que beneficia muitos outros. À medida que os demais vão sendo poupados dos custos da manutenção da estabilidade (embora tirem partido dela), instala-se uma certa crise. Seguindo-se uma análise neo-realista, chega-se à conclusão de que a estabilidade hegemônica,[3] assim definida, começa por interessar às potências mais fortes, mas pode também ser objeto de contenda pelas mesmas potências (ibidem). Nada impede que o conceito de estabilidade hegemônica – introduzido por Charles Kindleberger para explicar a depressão econômica da década de 1930 – possa servir para revisar a própria globalização. O conceito pode ser alargado muito além das matérias-primas, acesso a capital e crédito, controle de mercados e vantagens competitivas na produção de bens e serviços, para incluir também conhecimento, segurança ou normas internacionais de comportamento (ibidem).

Na linha do alargamento do conceito, hegemonia pode ser definida como "o conjunto de pressões que define os limites aceitáveis para decisões autônomas e que produz, por conseguinte, padrões repetidos de comportamento no plano internacional" (ibidem). Está implícita nesta definição que, para além de força material ou militar, existem hegemonias baseadas em

---

3 Esta teoria muito debatida em relações internacionais é bastante controversa. Não é oportuno entrar aqui em todos os méritos ou críticas de tal teoria, pois apenas estamos recorrendo a ela a fim de elaborar um argumento conexo. Para uma leitura sucinta dos pontos de vista de Kindleberger e de seus críticos, ver Cravinho (2002).

Cooperação e desenvolvimento humano

corpos de idéias e de conhecimentos, fundamentados em redes normativas – que não se reduzem necessariamente apenas à influência de Estados. Desde logo é possível detectar que a segmentação do acesso ao conhecimento delimita o grau de participação de uns e outros nas redes normativas que definem os conteúdos hegemônicos.

Estamos perante uma evolução do conceito de estabilidade hegemônica, centrada na economia, aqui tradicionalmente definida como algo substancialmente mais vasto e poderoso. Onde há estabilidade, exerce-se uma certa hegemonia e vice-versa. Só que estabilidade passaria assim a ter o conhecimento como centro. As comunidades, mais do que "a comunidade internacional", podem constituir blocos de interesses epistêmicos,[4] a jusante da hegemonia. Uma vez definidas novas normas, essas comunidades legitimam-se.

O mundo está vivenciando um maremoto através dessas novas formas de hegemonia e legitimação. São elas que vão definir as fronteiras demográficas, as novas formas de encarar o papel do gênero em relação ao trabalho e poder, os limites aceitáveis da exclusão, o combate ao efeito estufa ou desmatamento das florestas, a luta pelo acesso à água potável ou a definição de luta contra o terror.

A internet potencia essas novas redes normativas e cria por *default* não só uma nova arquitetura social mundial, mas também uma nova ética, tal como uma cibercultura está despoletando uma ciberética.

Para entender esses desafios é necessário ultrapassar a visão tradicional do imperialismo, como nos lembra Lins Ribeiro

---

4 Comunidades epistêmicas é um conceito muito utilizado em relações internacionais, popularizado por Peter Haas em 1990, numa análise sobre cooperação ambiental no Mediterrâneo, em que demonstrava a relação causa e efeito que une certos grupos de interesse em volta de um mesmo quadro de análise.

(2003). Segundo este autor, só o reconhecimento de novas cosmopolíticas, para cuja articulação a rede é fundamental, permitirá construir discursos contra-hegemônicos em contraponto a uma certa forma de globalização excludente.

Qual o papel das elites no mundo de hoje?

A elite é um grupo que, para além do seu lugar funcional, tem uma liderança natural nos processos de transformação. Desgastadas pela superexposição dos métodos quantitativos, introduzidos pela sociologia americana, as elites jogam na defesa como grupo. Não é de bom-tom falar de elite exceto através da valorização da sociedade do espetáculo. O culto à celebridade camufla a influência midiática na construção de novas formas de aculturação e simbologia.

A República, portadora dos valores de integração cidadã e de laicização do Estado, fundou-se no direito. As elites souberam operar a transformação do poder público por meio do alargamento da participação, da construção de valores de interesse público e de tradições de humanismo cívico (Bignotto, 2002). O papel da elite serviu de sustentáculo à mudança operada pelo republicanismo. Mas as formas aglutinadoras de identidade nacional foram seriamente abaladas com um conjunto de desenvolvimentos políticos que alteraram, para pior, o entendimento sobre os valores democráticos. A pressão de novos movimentos e atores sociais criou uma sociedade civil ativa e participante. A reivindicação de espaço é constante. A distinção entre público e privado ficou mais tênue. Apesar disso os novos liberais celebram a apatia política, por acharem que é uma demonstração pelos cidadãos da falta de entusiasmo com o papel do Estado (Bignotto, 2002). Os pós-modernos acham que se chegou mesmo ao fim da política como terreno predileto de decisão, e tentam dissociar as novas formas de ativismo social do terreno da política tradicional.

Esses desenvolvimentos são complicados, porque isolam a defesa do bem coletivo público, exceto quando se trata do somatório de vários interesses pessoais. Com o controle do conhecimento e de redes normativas, as elites poderão definir os novos valores morais, que legitimarão essas escolhas. Todos precisamos estar conscientes disso.

Que quadro ético se esboça?

Do grego *ethos*, ética pode ser definida como estudo dos limites entre o certo e o errado; dos costumes, obrigações e valores morais de conduta coletiva; e a homogeneidade de comportamentos sociais. Definir ética é um passatempo filosófico importante que ocupou Aristóteles, Max Weber e Karl Marx, entre outros.

A essência do pensamento referencial de Aristóteles em relação à ética é a capacidade de buscar incessantemente o bem comum na base da virtude e excelência; para se ser feliz são necessárias três realizações: possuir bens materiais, para além de possuir, usufruir, e ter prazer (Chalita, 2003). O pensamento aristotélico gira em volta das escolhas e da necessidade de deliberar para que estas se processem. É no deliberar que se exercem as escolhas éticas.

A ética racionaliza uma experiência humana na sua totalidade, diversidade e variedade. "O que nela se afirma sobre a natureza ou fundamento das normas morais deve valer para a moral da sociedade grega, ou para a moral que vigora de fato numa comunidade humana moderna. É isso que assegura o seu caráter teórico e evita a redução a uma disciplina normativa ou pragmática" (Vasquez, 2003). Ou seja, a ética teoriza o comportamento moral dos homens em sociedade. E é por essa razão que precisamos constantemente atualizar nossas noções sobre a moral.

Como todos os atos morais pressupõem a necessidade de escolha, temos de entender por que o mundo de hoje assiste a determinadas escolhas. Logo se compreenderá que a segmentação do conhecimento, a reorientação da estabilidade hegemônica através de novas redes de influência, requer, por natureza, uma moral igualmente segmentada e, por que não, assimétrica. "Ter de escolher supõe, portanto, que preferimos o mais valioso ao menos valioso moralmente" (ibidem). Nós avaliamos as escolhas em termos axiológicos, ou seja, do seu valor. Quando Marx se referia ao fetichismo da mercadoria, estava-se a referir à noção de valor na sua dimensão material, mas igualmente ao papel desmembrador do capitalismo nas escolhas morais. O que seria ético nem sempre seria o preferido pela lógica capitalista.

Princípios contrários à lógica marxista foram defendidos por Weber, segundo o qual a ética protestante era a principal responsável pelo desenvolvimento capitalista de certos países. Depois se disse o mesmo de Confucius para justificar o espetacular desempenho econômico da Ásia do Sudeste e China. Mais recentemente fez-se apelo à ética Janaísta da purificação e cultivo individual para explicar o chamado *boom* indiano (Mohanty, 2000).

Na realidade o desenvolvimento é resultado de muitos fatores. A existência de uma ética própria serve para aumentar o sentido de comunidade e de auto-estima, fatores entre os mais valorizados na capacitação dos indivíduos, instituições e sociedades. Em tempos de imprevisibilidade, o recurso à discussão ética é sinal de valorização e auto-estima.

Embora existam sempre variações no discurso ético de qualquer sociedade, estas se têm exacerbado com a globalização. Enquanto nas sociedades ocidentais a tendência vai ser de uma individualização tamanha que acabará provocando uma auto-ética[5] específica a cada um, já em muitas outras regiões do

---

5 Expressão de Edgar Morin (2000), segundo a qual "as nossas finalidades não vão inevitavelmente triunfar, e a marcha da história não é moral. Devemos visualizar seu insucesso possível e até mesmo provável. Justamente porque a incerteza sobre o real é fundamental, é que somos conduzidos a lu-

mundo a defesa da tradição vai-se erguer em barreira contra essa possibilidade. As grandes religiões universalistas, referência ética importante, não podem mais no mundo contemporâneo funcionar na base de interpretações centralizadas de clérigos. Onde estes tiverem espaço para o fazer, estará em atividade um tremor de terra. Ao contrário do que as notícias nos possam transmitir, as lutas de hoje são mesmo contra poderes hegemônicos de várias modalidades. Ou seja, as hegemonias regionais ou epistêmicas como a de um líder religioso ou de um grupo terrorista são exercidas também pelo medo de perder influência. A concentração da nossa atenção no mais importante pode ofuscar outras redes contra-hegemônicas menos visíveis ou significativas. Mas nenhuma sociedade está imune aos ventos de mudança provocados pelas novas formas de protesto e cidadania. Nem mesmo a Arábia Saudita.

Os desafios da diversidade e liberdade cultural

Depois de ter insistido que os valores do protestantismo podem explicar o enorme sucesso de certos países ocidentais, com o intuito de demonstrar a atualidade de Max Weber, Huntington chegou à conclusão de que o papel da cultura na definição do destino das sociedades talvez seja mais importante do que se pensava (Harrison & Huntington, 2002). Até aí tudo bem. Mas o paradoxo é que este argumento é qualificado da forma mais estranha para um intelectual capaz de influenciar uma boa parte da elite do país mais poderoso do mundo. No seu livro mais recente, *Who we are?* [Quem somos?], Huntington (2004)

---

tar por nossas finalidades. A ecologia da ação não nos convida à inação, mas ao desafio que reconhece seus riscos, e a estratégia que permite modificar a ação empreendida".

não hesita em classificar a qualidade dos diferentes aportes culturais para a construção dos Estados Unidos da América, relegando para segundo plano tudo o que não pertença ao grupo dominante branco, protestante, anglo-saxão. Fá-lo de uma forma límpida, até mesmo para identificar o inimigo futuro que é a cultura hispânica, sobretudo mexicana. Este seria o grande desafio interno do progresso, da mesma forma que já se tinha visto na cultura muçulmana a resultante de um confronto de civilizações com os valores cristãos.

As teses de Huntington estão baseadas numa leitura moral e propõe uma ética própria que, a vigorar, é excludente; visto que paradoxalmente se refugia na defesa dos valores democráticos. Valores vistos como intrínsecos a determinadas culturas. Na realidade não é descabido dizer que existem comportamentos culturais que se correlacionam com determinados comportamentos econômicos. Só que não necessariamente na ordem que apresenta Huntington, e certamente sem a possibilidade de demonstração empírica que ele apresenta. Os países estão hoje "contaminados" (para utilizar o mesmo tipo de expressão usado por certo *establishment*) por tantas interações de ordem demográfica, cultural e identitária que não existem mais culturas puras. Aliás, elas nunca existiram totalmente, mas hoje, graças às razões que tornaram a globalização marcante, ainda menos.

Um estudo recente tenta comparar os índices de desenvolvimento humano, crescimento da competitividade, renda e atividade microeconômica, com quatro características de culturas nacionais: distância de poder, individualismo-coletivismo, comportamentos de gênero e evitação de certeza (Rego et al., 2004). Embora com limitações óbvias para um estudo desta natureza,[6] acalenta o nexo entre cultura e economia. A principal

---

6 O escantilhão demonstrativo cobre 48 países e as variáveis dependentes e independentes têm distâncias de vinte anos.

Cooperação e desenvolvimento humano

conclusão é de que os países caracterizados por maiores índices socioeconômicos são os mais individualistas, menos orientados para a distância de poder e menos evitadores de incerteza. O que falta esclarecer é que a cultura constitui um dos aspectos de identidade e auto-realização, um fator entre muitos que processam as nossas atitudes. É repulsiva a idéia de que algumas culturas seriam corretas por provocar determinados comportamentos econômicos, ou erradas por não ter como centro determinadas formas de comportamento laboral ou de intercâmbio econômico. O mundo tem tratado a diferença de uma forma inaceitável, conduzindo as minorias, e algumas vezes maiorias destituídas de poder, a situações de marginalidade. Esta constatação está contida no Relatório de Desenvolvimento Humano (PNUD, 2004): no mundo de hoje, mais de cinco mil grupos étnicos vivem nos quase 200 países e territórios. Dois em cada três países têm um grupo étnico ou religioso significativo, representando pelo menos dez por cento da população. Um sétimo da população mundial, ou 900 milhões de pessoas, enfrenta alguma forma de discriminação por causa de questões identitárias.

Para uma parte importante desse mar de marginalizados, resta o ativismo. Este caminho causa polarização de comunidades e nações inteiras, como os povos indígenas da América Latina, minorias religiosas do Sudeste Asiático, dos Bálcãs, os curdos, vários grupos na África, emigrantes na Europa, entre outros. Os principais fatores do ativismo segundo o Relatório são:

- a disseminação da democracia, que deu aos grupos excluídos maior espaço de representação política e reinvidicação histórica;
- os progressos na comunicação que permitem articulações de luta novas em entes epistêmicos antes isolados;
- a aceleração dos fluxos migratórios, criando fora do país natal um eleitorado que apóia exigências de reconhecimento cultural.

Resta o caminho do reconhecimento da diversidade como um fator positivo e estimulante. Isto implica a introdução de políticas públicas explícitas sobre diversidade.

A diversidade cultural não tem sentido se não se protegerem formas de participação e identidade no interior dos próprios países. O mundo tem de se preparar para viver o multiculturalismo. As contradições com o projeto de Estado-Nação desenhado após a Revolução Francesa são cada vez maiores. O estatuto político das minorias é fundamental para alicerçar e preservar a democracia.

Quase todas as grandes democracias que são étnica ou lingüisticamente diversificadas praticam alguma forma de federalismo assimétrico: a Bélgica, a Federação Suíça, a Malásia e a Espanha são exemplos proeminentes. O êxito dos arranjos federais depende de um plano cuidadoso e da vontade política de melhorar o funcionamento democrático do sistema. O que importa é se os arranjos acomodam diferenças importantes, apoiando mesmo assim as lealdades nacionais (ibidem).

As políticas assimétricas justificam-se quando existem desvantagens coletivas. Muitas experiências de ação afirmativa trouxeram ensinamentos importantes para que essas reparações não se transformem em focos de tensão racial e de isolamento identitário. Qualquer política de afirmação deve salvaguardar o conceito multiidentitário dos indivíduos.

Os Estados têm a responsabilidade de proteger direitos e de garantir liberdades para todos os seus membros e de não discriminar ninguém com base na religião ou credo. Segundo o Relatório de Desenvolvimento Humano, tratamento discriminatório implica não proteger a liberdade religiosa e a escolha individual:

- Todos devem ter o direito de criticar, alterar ou pôr em causa o predomínio de uma interpretação particular de crenças fundamentais.
- Clero ou outras hierarquias religiosas devem ter o mesmo estatuto que os outros cidadãos.

Cooperação e desenvolvimento humano

- As pessoas de uma religião devem ter a possibilidade de ser responsavelmente críticas em relação às práticas e convicções de outras religiões.
- As pessoas devem ser livres não só para criticar a religião em que nasceram, mas também para rejeitá-la e trocá-la por outra ou de ficar sem nenhuma (ibidem).

O mesmo se aplica a outras manifestações culturais.

O mundo não vive um choque de civilizações. O mundo vive uma civilização humana diversa e plural. Entender este mundo requer abertura à diversidade e liberdade cultural. Essa atitude não pode ser entendida, e muito menos defendida, sem uma atualização da moral e da ética. Essa atualização deve comportar as cautelas aqui evocadas. Nada é mais redutível a unidades celulares. Descobrimos com o genoma humano a complexidade do que somos. Percebemos com a física quântica a gama de atributos do universo. Mas paradoxalmente os seres humanos têm dificuldade em admitir que não existem identidades tão finamente definidas e classificadas. O desafio ético de hoje, esse passatempo dos filósofos, é admitir as diferenças e considerá-las enriquecedoras.

Este livro tenta abordar frontalmente tais desafios, sobretudo no concernente ao desenvolvimento de capacidades. É o lado mais complexo da cooperação, tal como ela se pratica nos dias de hoje. O seu impacto na verdadeira expansão de oportunidades respeitadoras da diversidade é, no entanto, absolutamente crucial.

1
Uma revisão da literatura sobre desenvolvimento de capacidades e cooperação técnica

Apesar do uso freqüente do termo "desenvolvimento de capacidades"[1] na literatura relativa a desenvolvimento, as fronteiras e implicações do conceito permanecem pouco nítidas. Uma clara compreensão de tal termo, entretanto, é essencial para a efetividade das intervenções rumo a uma evolução humana sustentável. Chegar a tal compreensão exige tempo, e se mostra necessária uma seleção de experiências para identificar os fatores cruciais que levam ao sucesso.

No seu sentido mais amplo, o desenvolvimento de capacidades busca melhorar a *performance* de atividades relacionadas a um crescimento em todos os níveis da sociedade. Sua meta é ajudar países em desenvolvimento a alcançar seus próprios objetivos. Como aponta Jean Bossuyt, a construção de capacidade humana e institucional tem sido o objetivo do desenvolvimento

---

1 A terminologia em inglês de *"capacity development"* é mais reconhecível.

há décadas. A falha em alcançá-lo – o que é particularmente notável nos programas de ajuste estrutural dos anos 1980 – gerou nova discussão e interesse em relação a este tema (Bossuyt, 1994). Ao longo da década passada, o papel do desenvolvimento de capacidades sofreu um salto e passou de coadjuvante em atividades desenvolvimentistas para o centro de sua agenda (Morgan & Qualman, 1996). Além de meta para o progresso, desenvolvimento de capacidades tornou-se também uma prática (Bolger, 2000).

Debate metodológico

A revisão a seguir apresenta uma discussão preliminar da literatura feita em países doadores concernente à cooperação técnica e, em particular, a desenvolvimento de capacidades. Pretende-se com isso destacar as tendências prevalentes e desafios que derivam da publicação do relatório Berg (1993). De forma mais específica, este capítulo busca esclarecer conceitualmente o desenvolvimento de capacidades, assim como discutir seus vários níveis e formas e introduzir abordagens atuais para sua programação, monitoramento e avaliação. O capítulo inclui ainda um olhar sobre a cooperação técnica e como ela pode ser usada como um instrumento para se formular e alcançar um desenvolvimento efetivo e sustentável de capacidades. A discussão é concluída com um sumário das questões mais atuais e um conjunto de implicações para os países doadores.

Definições

Uma miríade confusa de definições e nuances a elas associadas relativas ao desenvolvimento de capacidades se apresenta no debate sobre desenvolvimento, contribuindo para a falta de consenso no que se refere a uma definição comumente aceita. O desenvolvimento de capacidades é um meio de segunda ordem para fins de desenvolvimento de primeira ordem, um objetivo de desenvolvimento ou uma combinação das duas coisas? Uma exposição do que constitui desenvolvimento de capacidades é necessária como forma de programar, monitorar e avaliar efetivamente as iniciativas que se prestam a esse fim.

De início, convém destacar que, embora os termos "construção de capacidades" (*capacity building*) e "desenvolvimento de capacidades" sejam freqüentemente usados como sinônimos, há diferenças nas implicações do uso de cada um deles. Construção de capacidades pressupõe construir alguma coisa a partir de nada. O termo "desenvolvimento de capacidades" é, ao contrário, uma descrição mais precisa daquilo que as iniciativas atuais de desenvolvimento de capacidades buscam concretizar: o fortalecimento de capacidades locais já existentes (UNDP, 1995).

De acordo com os Princípios Diretivos do Programa das Nações Unidas para o Desenvolvimento, a "definição geralmente aceita de capacidade na comunidade de desenvolvimento é a habilidade de atores (indivíduos, grupos, organizações, instituições, países) para desempenhar funções específicas (ou buscar objetivos específicos) de forma efetiva, eficiente e sustentável" (ibidem).[2]

De acordo com um documento básico apresentado no seminário conjuntamente organizado por PNUD e Unicef sobre Planejamento e Monitoramento do Desenvolvimento de Capacidades, este conceito pode ser definido como "a aquisição de habilidade por uma instituição, organização, grupo ou indivíduo para desempenhar uma função ou conjunto de funções" (UNDP, 1999). Concluiu-se ainda que um aspecto do desenvolvimento de capacidades é "a habilidade para definir e perceber

---

2 A menos que se mencione expressamente, todas as citações do presente trabalho consistem em traduções livres de publicações originalmente escritas em idioma estrangeiro.

objetivos efetivamente". Os participantes do seminário concordaram com os seguintes pontos:

- desenvolvimento de capacidades é uma "visão sistêmica" e não uma perspectiva baseada em projetos estanques, já que ela enxerga ao mesmo tempo diversos elementos, bem como suas mútuas relações e transações. Uma visão sistêmica é particularmente apropriada, uma vez que a de redução de pobreza – um problema multidimensional e altamente complexo – envolve numerosos atores em vários níveis diferentes;
- desenvolvimento de capacidades abrange escolhas condicionadas por juízos de valor sobre quem são os atores aptos dentro do processo;
- os contextos sociais e organizacionais devem ser levados em conta, porque
- o contexto é fluido e, portanto, práticas flexíveis de desenvolvimento de capacidades se fazem necessárias.

De acordo com Land, há duas concepções principais de desenvolvimento de capacidades: uma instrumental e outra dinâmica (Land, 2000). A concepção instrumental define capacidade como "as habilidades organizacionais, técnicas e mesmo políticas para desempenhar funções ou tarefas particulares" (Morgan, 1999). Em um nível mais profundo, desenvolvimento de capacidades é visto como

> um esforço para mudar as regras da sociedade, situações e padrões de comportamento, seus níveis e quantidades de capital social e sua habilidade para responder, adaptar-se e disciplinar a si mesma. Capacidade neste sentido diz respeito à auto-organização de uma sociedade e à disposição, visão, coesão e aos valores para a promoção do progresso ao longo do tempo. Se for assim, então a participação, apropriação,[3] compromisso, liderança e responsabiliza-

---

3 Tradução de "ownership". Em consonância com a acepção do dicionário Aurélio para "apropriar" ("tomar como propriedade, como seu; arrogar-se a

Cooperação e desenvolvimento humano

ção[4] do país tornam-se princípios subjacentes cruciais para o desenvolvimento de capacidades. É neste nível que a busca por sustentabilidade se baseia, afinal. (Ibidem)

A visão dinâmica defende que desenvolvimento de capacidades é um "processo pelo qual indivíduos, grupos, organizações e sociedades aumentam suas habilidades de identificar e enfrentar desafios de desenvolvimento de maneira sustentável (citado em Lavergne & Saxby, 2001). Outra definição do processo de desenvolvimento de capacidades apoiado por esta concepção é

o crescimento de relações e habilidades organizacionais formais, ou seja, aquelas mudanças no comportamento organizacional, valores, aptidões e relacionamentos que levam à melhoria nas habilidades de grupos e de organizações para desempenhar funções e alcançar os resultados desejados ao longo do tempo. (Morgan, 1997)

A combinação destas duas visões adquiriu crédito cada vez maior nos últimos anos.

No que se refere a tipos de capacidades, Lavergne & Saxby identificam dois. As sociedades têm uma vasta gama de recursos tangíveis, freqüentemente denominados *"capacidades concretas"*, que podem ser usadas para satisfazer às necessidades de suas populações. Ativos físicos, como infra-estrutura e maquinário, são os elementos mais óbvios dentro desse banco de recursos, da mesma forma que recursos financeiros. Recursos menos tangíveis, entretanto, como sistemas, habilidades indivi-

---

posse de"), o termo aqui diz respeito aos direitos e responsabilidade que atores locais assumem em relação a uma determinada iniciativa, ainda que instituições de fora possam colaborar ou estar envolvidas (ver capítulo 3).

4 Tradução de *"accountability"*. Em consonância com a acepção do dicionário Aurélio para "responsabilizar" ("tornar-se responsável por seus atos ou pelos de outrem; responder"), o termo aqui se refere à necessidade de prestar contas sobre a forma como atividades são implementadas e recursos são gastos.

duais, população saudável, análise de informação e estruturas legais, também podem ser incluídos nessa categoria.

As sociedades também têm acesso a recursos intangíveis, os quais têm sido negligenciados com freqüência nos círculos e reflexões sobre desenvolvimento. Coesão social, valores, hábitos e incentivos se inserem nesse grupo, assim como atitudes e governança. Estas, normalmente conhecidas como *"capacidades societais"*, são uma parte essencial do desenvolvimento porque determinam com que eficiência outros recursos serão utilizados.

Como são conhecidas também por outros autores, as capacidades que permitem aos indivíduos e a entidades sociais "perceber seu potencial humano e social no mais elevado nível" são chamadas *"capacidades essenciais"* (Lavergne & Saxby, 2001). Com isso se apresenta uma definição mais abrangente de "capacidades" – muito além das formas tradicionais de se encarar capacidades como habilidades técnicas. A característica distintiva dessas capacidades essenciais é que elas "enfocam a habilidade de desempenhar um papel ativo no desenvolvimento *contínuo* de capacidades" (ibidem).

Níveis de desenvolvimento de capacidades

O desenvolvimento de capacidades se realiza em diferentes níveis de análise, os quais são percebidos de forma semelhante, embora com certas nuances, pelos autores dedicados ao assunto. As iniciativas para o desenvolvimento de capacidades deveriam ocorrer em três níveis: o individual, o institucional e o social. No nível individual, capacidade é geralmente entendida como aptidões e habilidades. No nível institucional, capacidade é vista não apenas em termos de capacidades coletivas das pessoas que constituem a organização, mas também em termos de como as instituições são estruturadas, como elas operam e se relacionam com o ambiente mais amplo em que se inserem (Morgan, 1999). Capacidades sociais oferecem os tipos de oportunidades no setor público e/ou privado que permitem a indivíduos e instituições expandir suas aptidões ao máximo. Em geral, os doadores se envolvem nos níveis individual e institucional, mas cada vez mais eles terão de se questionar sobre o nível em que poderão produzir maior impacto.

Outra abordagem sobre os níveis de capacidades, sugerida por Hildebrand e Grindle, identifica cinco níveis de análise de capacidade, que as autoras denominam "dimensões" (Hildebrand & Grindle, 1994). A primeira dimensão de capacidade caracteriza o ambiente de ação amplo, que é o contexto político, social e econômico em que o trabalho de desenvolvimento de capacidades será feito. A segunda dimensão de capacidade está associada com o ambiente institucional dentro do setor público e inclui, por exemplo, as estruturas legais em que as organizações devem operar. A terceira dimensão se relaciona ao que é denominado rede de tarefas. Estas envolvem as atividades coordenadas de várias organizações que trabalham conjuntamente para alcançar o mesmo objetivo. Interações dentro de tais redes podem produzir impactos na *performance* organizacional. A quarta e a quinta dimensões de capacidade se referem a habilidades das organizações e de recursos humanos (ibidem).

Baseando-se em estruturas conceituais de outras fontes, inclusive naquela sugerida por Hildebrand e Grindle, alguns autores distinguem quatro níveis nos quais a construção de capacidades pode acontecer: o ambiente propício, o setorial ou de rede, o organizacional e o humano (Bolger, 2000). Tais níveis são igualmente interdependentes, cada um deles afetando de maneira direta o outro.

A maior parte das iniciativas para desenvolvimento de capacidades falha ao focalizar como um todo o ambiente propício, que é o contexto em que organizações operam e cujos elementos incluem políticas, estruturas e valores culturais. Embora as tentativas de modificar o ambiente propício tomem muito tempo, esforços do desenvolvimento de capacidades neste nível são importantes porque produzem impactos em todos os outros níveis (ibidem). O nível setorial ou de rede de desenvolvimento de capacidades enfoca setores ou subsetores. Reformas políticas ou melhorias na execução de serviços são os pontos focais dos esforços de desenvolvimento de capacidades neste nível, que vêm destacar a importância de colaboração intra e intersetorial.

O nível organizacional "enfoca estruturas organizacionais, processos, recursos e questões de gerenciamento" (ibidem). Este é o nível em que mais freqüentemente os financiadores se engajam por meio de assistência técnica e por várias outras formas de apoio. O nível humano se refere aos indivíduos e ao modo como suas habilidades são usadas para promover objetivos de desenvolvimento (ibidem). Para que o desenvolvimento de capacidades seja efetivo, mudanças no nível individual devem ter claras ligações com os outros níveis. "Com freqüência demasiada, os projetos de desenvolvimento enfatizaram de forma restrita o treinamento de indivíduos sem a devida atenção a assuntos organizacionais, processos mais amplos de empoderamento e fatores relevantes no 'ambiente propício'" (ibidem).

Abordagens da literatura sobre desenvolvimento de capacidades

A diversidade de organizações envolvidas com o desenvolvimento de capacidades, cada uma delas com uma maneira diferente de conceber o conceito, explica a gama de abordagens utilizadas concomitantemente para tratar do assunto. Lusthaus, Acrien e Perstinger definiram quatro abordagens diferentes que categorizam a literatura sobre desenvolvimento de capacidades: abordagem organizacional, abordagem institucional, abordagem sistêmica e abordagem de processo participativo.

A abordagem organizacional "vê uma entidade, organização ou mesmo um conjunto de organizações como chaves para de-

Cooperação e desenvolvimento humano

senvolvimento" (Lusthaus et al., 1999). Embora por vezes esta abordagem examine relações entre organizações inseridas no ambiente externo, ela

> enfoca primariamente a identificação de elementos ou componentes de capacidade dentro de uma organização ... nesta abordagem, organizações são vistas como sistemas de processamento que convertem capacidades individuais e sistêmicas em resultados organizacionais. (Ibidem)

Esta abordagem é razoavelmente limitada no que diz respeito a sua concentração apenas em organizações.

A abordagem institucional difere da organizacional ainda que instituições e organizações sejam termos intercambiáveis. "Abordagens institucionais constroem a capacidade para criar, mudar, compelir e aprender a partir dos processos e regras que governam a sociedade" (Lusthaus et al., 1999). A abordagem institucional é mais "macro" e, portanto, mais capaz de se dedicar a questões sociais gerais, tais como valores e motivações culturais.

A abordagem sistêmica "se refere a um conceito global, que tem múltiplos níveis, é holístico e inter-relacionado, sendo que cada sistema e parte estão ligados um ao outro" (ibidem). Esta abordagem vê desenvolvimento de capacidades como algo que pode ser adicionado aos sistemas existentes – não como uma forma de construir novos sistemas. "De acordo com esta abordagem, desenvolvimento de capacidades é um processo dinâmico por meio do qual redes intrincadas de atores buscam melhorar suas habilidades para fazer o que fazem" (ibidem).

A abordagem de processo participativo realça os meios de alcançar os objetivos de desenvolvimento. Esta abordagem pode se sobrepor às outras três. Seus proponentes acreditam que o desenvolvimento de capacidades não alcançará seus objetivos a menos que ele seja não-hierárquico e participativo. "Fundamentalmente esta é uma abordagem de processo que adota mudança e aprendizado como valores centrais" (ibidem). A importância desta abordagem é que ela destaca atividades participativas, mas sua fraqueza é que pode tender a não considerar devidamente as conseqüências e a unidade da mudança. Ao reconhecer que a análise institucional e de capacidades tem enfrentado recentemente rápidas mudanças, Morgan e Qualman identificam ao menos quatro perspectivas que no presente influenciam e moldam a maneira pela qual programas e projetos de desenvolvimento são formulados e implementados. São elas:

1 desenvolvimento institucional tradicional;
2 governança;
3 economia institucional; e
4 desenvolvimento de capacidades.

O Desenvolvimento Institucional Tradicional (DIT) desenvolveu-se ao longo dos anos de 1950 a 1970. Utilizando uma abordagem marcadamente ocidental, praticantes de desenvolvimento enfocavam análise de gestão e desenvolvimento organizacional. O DIT priorizava fontes existentes dentro de organizações e suas operações funcionais, tais como atividades e formas de procedimento. Portanto, concentrava-se em gestão, execução de serviços e "boas técnicas" da própria organização, dedicando pouca atenção ao ambiente mais amplo.

A perspectiva de governança coloca as questões políticas em maior evidência. Ela reconhece que a distribuição externa de poder político pode ter tanta influência em uma organização quanto em seus trabalhos internos. Em geral, a abordagem de governança é menos tecnocrática do que o DIT e afirma a importância de ambiente legal, transparência, confiança e participação. Essa abordagem acrescenta peso ao valor do compromisso político nacional com as reformas.

A perspectiva de economia institucional aplica "as técnicas da microeconomia para a análise institucional sob o rótulo de 'nova' economia institucional" (Morgan & Qualman, 1996). Ela destaca o papel dos estímulos para a *performance* institucional e questiona os papéis e motivações dos indivíduos. "A economia institucional vê, portanto, o desenvolvimento institucional como conseqüência das atividades de múltiplos atores com diferentes interesses trabalhando dentro de relações interdependentes e complexas de longo prazo e enfrentando processos, incentivos, sanções e risco imprevistos" (ibidem).

A perspectiva de desenvolvimento de capacidades sintetiza muitos dos aspectos fortes das outras três perspectivas. Ela reconhece a importância de estruturas institucionais internas, assim como o impacto do ambiente externo no desempenho institucional e organizacional. "Programas institucionais e de capacidades são tanto exercícios de inovação social como de melhoramento técnico" (ibidem).

Monitoramento e avaliação

"Construção de capacidades é um negócio arriscado, dúbio, desorganizado, com conseqüências imprevisíveis e não-quantificáveis, metodologias incertas, objetivos contestáveis, muitas conseqüências não-intencionais, pouco crédito para seus campeões e longos atrasos" (Morgan, 1997).

Para sintetizar a discussão apresentada, pode-se dizer que há muitos tipos de capacidades, vários níveis de desenvolvimento de capacidades e diversos pontos de partida; e o contexto em que o desenvolvimento de capacidades ocorre é fluido e está em constante evolução. Não é de surpreender, portanto, que os programas tenham dificuldade em identificar o que, quando e como monitorar iniciativas voltadas para o desenvolvimento de capacidades.

Na literatura revisada, há um consenso geral sobre a necessidade de uma estrutura de Monitoramento e Avaliação (M&A)

única para desenvolvimento de capacidades, como forma de melhorar o monitoramento e a mensuração do impacto de iniciativas de desenvolvimento de capacidades. Para uma tarefa tão dinâmica, imprevisível e complexa, como são as iniciativas de desenvolvimento de capacidades, a idéia linear de mensuração é inadequada. Abordagens convencionais de M&A utilizam um modelo lógico (insumos-rendimentos-produtos-impactos) que tende a simplificar as questões ao tentar explicar os resultados de um projeto ou programa.

O que é necessário, de acordo com Lusthaus, é uma estrutura interativa e participativa que identifique um processo, levando em conta a forma tal a estrutura irá se modificar ao longo do tempo. A importância da abordagem interativa está no reconhecimento da complexidade da mudança e de como se deve responder a ela dia a dia (Lusthaus et al., 1999). Considerando que o desenvolvimento de capacidades envolve mudança do comportamento humano e exercício de influência sobre ele, às vezes até reestruturando padrões de interações entre diferentes conjuntos de atores em níveis diferentes, um sistema de M&A deve lançar luz sobre dinâmicas particulares, estruturas profundas e funcionamento do sistema ou do contexto a ser mudado e sobre os elementos implicados quando se induzem tais mudanças.

Várias razões explicam a dificuldade em mensurar iniciativas de desenvolvimento de capacidades. À frente delas está a falta de consenso em uma definição comumente aceita de tal termo entre organizações de desenvolvimento, pois seu conceito é pouco claro e, portanto, a unidade de avaliação é falha.

Em segundo lugar, é difícil isolar os fatores que contribuem para o desenvolvimento de capacidades, o que confunde ainda mais a questão de causalidade e atribuição. É freqüente que, quando certas capacidades são fortalecidas, a intervenção não seja suficiente para sustentá-las (Forss, 1999). Na melhor das hipóteses, algumas correlações que não envolvem causalidade são estabelecidas.

Em terceiro lugar, desenvolvimento de capacidades como conseqüência é particularmente difícil de monitorar ou medir, considerando a variável tempo. Experiências atuais indicam que o progresso para desenvolver capacidades é lento e incremental. Além disso, produtos e conseqüências de desenvolvimento de capacidades são de natureza qualitativa e intangível. Entre os exemplos de resultados de desenvolvimento de capacidades estão a mudança de atitude, novo comportamento organizacional e adoção de novas idéias.[5]

Em quarto lugar, uma vez que a maior parte das experiências com M&A de desenvolvimento de capacidades é relativamente recente, não há padrões acordados de *performance* ou medidas definidas de sucesso para tal desenvolvimento. Várias metodologias e instrumentos de mensuração estão surgindo, os quais, no entanto, são comprometidos pela escassez de dados usados como ponto de partida e pela falta de indicadores (Lafontaine, 2000).

Em quinto lugar, "o monitoramento de capacidades lida continuamente com o desafio de obter um perfil de *performance* a partir de atividades ambíguas e/ou decepcionantes, em um ambiente de assistência internacional que exige resultados mensuráveis e quantificáveis" (Morgan, 1999). Estatísticas perturbadoras dos financiadores, que indicam taxa de sucesso entre 30% e 40% para esforços de desenvolvimento de capacidades, são questões agravantes.

---

5 A introdução de Eduard Jaycox ao livro de Dia (1996) insiste que a variedade de opções de alto impacto e baixo custo para propiciar serviços sociais e infra-estrutura tornam realistas as propostas do livro para a construção da capacidade institucional sustentável. Ele diz que os "resultados e implicações operacionais [do livro] mostram claramente que, contrariando a opinião geral, é possível atingir resultados rápidos nesta área". Vinda do então vice-presidente do Banco Mundial, conhecido por suas críticas contundentes aos insucessos da cooperação técnica, esta visão indica a magnitude do desafio relativo às percepções de intervalos de tempo.

Morgan argumenta que o monitoramento do desenvolvimento de capacidades – dada sua necessidade de adaptação e ajuste – é uma atividade mais crucial do que a avaliação (ibidem), visto que deveria tratar da construção de capacidades, diagnóstico de restrições e oportunidades. A estrutura proposta por Morgan suplementa a tipologia convencional, linear, de forma que monitore tanto em que consiste o desenvolvimento de capacidades quanto como ele é colocado em prática, considerando-o um componente ou um objetivo de programa mais amplo. Morgan argumenta ainda que é importante destacar o julgamento sobre processo e capacidade.

Formas de mensuração

A questão sobre o que é desenvolvimento de capacidades envolve tanto as habilidades formais, técnico-organizacionais e estruturais quanto as características mais humanas e pessoais que permitem às pessoas progredir. Algumas questões para guiar a mensuração de capacidade incluem:

- O que mudou?
- O que os vários atores e conjuntos de atores em diferentes níveis podem fazer agora e que não podiam fazer antes?
- Que tendências podem ser percebidas?
- Que comportamentos e aptidões são necessários e de que forma se podem atingir os tipos de resultados de desenvolvimento desejados?
- O que causa mudança? É essa a mudança originalmente pretendida?

A forma como o desenvolvimento de capacidades é colocado em prática inclui o processo iniciado para reduzir o "déficit de capacidades" (*capacities gap*) identificado durante o estágio de avaliação das capacidades. Especialmente em estágios iniciais,

Cooperação e desenvolvimento humano

a maior parte dos programas de desenvolvimento de capacidades tem pouco a demonstrar além da implementação do processo. O processo diz respeito a atividades, estratégias, metodologias e intervenções que ajudam a induzir crescimento ou melhoria na capacidade. Morgan identifica três tipos de processos tangíveis no desenvolvimento de capacidades:

- consulta sobre as atividades;
- reformas técnicas e gerenciais;
- reformas institucionais e contextuais.

Uma ênfase nos processos destaca a necessidade de uma abordagem experimental em M&A com respeito a atividades qualitativas, como forma de testar a estratégia de mudança institucional e organizacional que um programa adotou. Existe uma vasta literatura sobre o assunto e se têm desenvolvido ferramentas para rastrear, monitorar e medir questões processuais, incluindo uma gama de técnicas participativas.

De acordo com Lusthaus, Morgan e Bolger, uma técnica de M&A para desenvolvimento de capacidades deve também enfatizar a dinâmica nos níveis individual, organizacional e sistêmico. Capacidades diferentes precisam ser desenvolvidas em níveis diferentes. Igualmente importante é estabelecer e compreender as ligações entre tais níveis. O M&A precisa considerar os padrões de capacidades à medida que grupos, organizações e sistemas evoluem para satisfazer necessidades diferentes e se adequar às circunstâncias.

Na ausência de dados e indicadores significativos, o M&A requer um julgamento esclarecido, qualitativo, sobre os processos que são iniciados e sobre a direção provável para a qual eles irão conduzir, inseridos em um contexto total particular. É também necessário verificar se esses processos são suficientes para acompanhar a forma como todo o ambiente está se modificando. Não é bastante comparar a diferença entre as capacidades no começo e no fim de um período relevante. As análises sobre o su-

Carlos Lopes

cesso das capacidades devem considerar o impacto sobre o sistema mais amplo de que essas capacidades são parte. Assim, o M&A precisa levar em conta os efeitos colaterais e impactos externos, incluindo impactos positivos e negativos, pretendidos e não-pretendidos.

Outra abordagem de M&A que tem grande potencial para a mensuração do desenvolvimento de capacidades é a *cartografia de conseqüências*.[6] Substituindo o modelo linear de causa e efeito, o mapeamento de conseqüências emprega múltiplos modelos lógicos para determinar o que um programa pretende realizar. Essa abordagem não tenta atribuir impactos para quaisquer intervenções ou séries de intervenções, mas, em vez disso, avalia as contribuições que um programa faz para produzir conseqüências/impactos ao olhar as ligações lógicas entre intervenções e situações desejadas. Sua vantagem está no foco que confere as mudanças nos comportamentos, relações, ações e atividades das pessoas, grupos e organizações – a essência da cooperação ao desenvolvimento e razão de sua flexibilidade para uso em contextos diferentes.

De acordo com a retórica dos doadores, o desenvolvimento de capacidades é a "chave para a sustentabilidade", "a nova base racional" para cooperação em desenvolvimento internacional no novo milênio. Entretanto, há uma contradição inerente entre esses compromissos declarados para desenvolvimento de capacidades e o atual ambiente de concessão de ajuda, que recompensa resultados demonstráveis e mensuráveis a curto prazo. A ênfase na *performance* e nos resultados não obscurece apenas a complexidade, os aspectos do processo e a natureza de longo

---

6 Adaptado da abordagem de engenharia de conseqüências, em que foi pioneiro o Instituto do Pacífico para Pesquisa e Avaliação. O Centro de Pesquisas para o Desenvolvimento Internacional (IDRC, do Canadá) está desenvolvendo e testando essa metodologia particular para um contexto de desenvolvimento. Para maiores informações, visite <http://www.idrc.ca/evalu>.

Cooperação e desenvolvimento humano

prazo de desenvolvimento de capacidades, como também a intenção de se promover apropriação e sustentabilidade nacionais, elementos que estão no âmago do desenvolvimento de capacidades. Eventos que acontecem uma única vez, externamente impostos, têm chances muito menores de produzir um impacto positivo e duradouro do que iniciativas geradas localmente e que são apoiadas ao longo do tempo. Em última análise, desenvolvimento de capacidades trata de mudança e aprendizado – em qualquer nível (Bolger, 2000).

Os doadores precisam reconsiderar os prazos em que eles planejam operar e durante o qual eles esperam resultados. Uma vez que o desenvolvimento de capacidades é um processo – e um objetivo – que envolve mudança, aprendizado e adaptação, irá levar tempo. Os doadores enfrentam forte pressão para desembolsar recursos rapidamente e produzir "sucessos" tangíveis como forma de assegurar mais recursos de seus eleitores. A construção de capacidades simplesmente não se encaixa neste tipo de abordagem. Em vários aspectos, o processo de construção de capacidades vai de encontro às atuais expectativas da assistência internacional. De fato, a verdadeira construção de capacidades toma mais tempo do que o período de duração de um programa ou instituição.

O desenvolvimento de capacidades requer novos níveis de flexibilidade, porquanto seus resultados são freqüentemente intangíveis e seu processo é em geral um esforço confuso, complicado e de longo prazo. Há necessidade de planejamento específico para certos países que leve em conta o fluxo de relacionamentos locais. Se os países financiadores quiserem considerar construção de capacidade seriamente, devem estar dispostos a se mover com os fluxos e refluxos da paisagem local em contínua transformação.

O objetivo do M&A para desenvolvimento de capacidades é, portanto, melhorar a habilidade ou a capacidade de indivíduos, grupos e organizações em países parceiros, a fim de desenvolver sua própria cultura de auto-avaliação e estabelecer uma particular forma de pensar estrategicamente sobre capacidade e *performance* (Morgan & Qualman, 1996). A metodologia de M&A precisa responder à demanda local de informações e construir capacidades para automonitoramento e avaliação.

Indicadores de desenvolvimento de capacidades

Apesar do reconhecimento de que muitas iniciativas para promoção do desenvolvimento de capacidades implementadas durante os anos 1990 falharam, Mizrahi (2004) alerta para a constatação de que permanecem inadequados os instrumentos para medir, monitorar e avaliar o desenvolvimento de capacidades, tornando ainda mais difícil compreender as razões pelas quais iniciativas passadas não obtiveram o sucesso esperado (ou o obtiveram parcialmente) e identificar os mecanismos que favorecem a formulação de projetos melhores e mais efetivos. De fato, Mizrahi argumenta que grande parte da literatura sobre desenvolvimento de capacidade tem dedicado pouca atenção à questão da mensuração e da identificação de indicadores.

A dificuldade em se apontar indicadores emerge, em essência, do fato de que o desenvolvimento de capacidades é um processo dinâmico, mais do que uma conseqüência ou produto que possa ser mais facilmente quantificado e medido. Pelo contrário, conforme mencionado, o desenvolvimento de capacidades ocorre em níveis diferentes e se desenrola a longo prazo. Dessa forma, muitas vezes não é possível identificar de modo claro se uma iniciativa para o desenvolvimento de capacidades foi total ou parcialmente bem-sucedida ou se será capaz de promover mudanças significativas na rotina dos indivíduos, das organizações ou da sociedade. É para permitir que tais avaliações sejam feitas que Mizrahi justifica a necessidade de se medir e formular indicadores e critérios para o desenvolvimento de capacidades.

Cooperação e desenvolvimento humano

Citando trabalhos de outros autores e utilizando-os como ponto de partida, Mizrahi conclui que indicadores para o desenvolvimento de capacidade não devem ser formulados de forma abstrata, já que assim perdem sua utilidade analítica. Como sugere Morgan, é necessário que esses indicadores se relacionem a objetivos de desenvolvimento específicos (capacidade para quê?), aos atores para quem o desenvolvimento de capacidades é pretendido (capacidade para quem?) e ao contexto mais amplo em que ele ocorrerá.

Além disso, o desenvolvimento de capacidades, por ser um processo dinâmico de aprendizado, exige que os indicadores sejam formulados com a definição de critérios ou normas os quais permitam ao analista avaliar os diferentes níveis de capacidade ao longo de uma escala. Como sugere Mizrahi, "definir estes critérios pode ser difícil porque eles são freqüentemente baseados em percepções subjetivas e nem sempre desvinculados de valores. Entretanto, um mínimo grau de consenso entre os peritos é necessário para que os critérios tenham alguma utilidade como ferramentas de mensuração" (2004).

Dada a importância da apropriação nacional, da habilidade dos líderes e da disposição da sociedade para a mudança nas iniciativas de desenvolvimento de capacidades, é também fundamental, conforme aponta Mizrahi, que os indicadores levem estes aspectos em consideração, ainda que seja marcante a dificuldade em se analisar elementos tão subjetivos.

Cooperação técnica

A Cooperação Técnica (CT) representa aproximadamente 25% da Assistência Oficial para Desenvolvimento (AOD) – uma proporção significativa dos fluxos de ajuda. Ao longo de cinqüenta anos, a CT tem sido usada como instrumento de cooperação para o desenvolvimento, a fim de melhorar as capacidades humana e institucional, e utilizado, para tanto, transferência, adaptação e uso de habilidades, conhecimento e tecnologia. Tradicionalmente a CT começou por se concentrar na transferência de conhecimentos através de: (a) bolsas de estudos, e (b) pagamentos para consultores, conselheiros e funcionários afins, bem como professores e administradores. Durante décadas, a CT assumiu formas diferentes, tais como o treinamento de especialistas para parceiros em mobilização e consultoria – e adotou diferentes estratégias. O conteúdo dessas estratégias correspondia aos paradigmas prevalentes de desenvolvimento.[7] Enquanto os meios para execução de CT evoluíram ao longo das décadas, o objetivo final da CT permaneceu sendo a "realização de elevada autoconfiança nos países recebedores por meio da construção de instituições e do fortalecimento de capacidades locais..." (Berg, 1993, p.244).

Apesar dos bilhões de dólares gastos na construção e no fortalecimento das instituições do setor público, as crises econômicas dos anos 1980 expuseram as vulnerabilidades institucionais dos governos recebedores, especialmente da África, para gerenciar e implementar reformas no âmbito dos ajustes estruturais. Essa crise do "Estado" provocou uma série de revisões patrocinadas pelos países doadores, que analisaram de forma crítica todo o sistema e a base fundamental da CT com o objetivo de reformá-la e torná-la mais efetiva (Berg, 1993, ECDPM 1998, World Bank, 1997). As reformas consensuais[8] aprovadas pela OECD/CAD, na tentativa de estabelecer um padrão normativo[9], confirmaram os seguintes parâmetros:

---

7 Ver item "Cooperação técnica", no Glossário (p.178).

8 Ver Berg, 1993, p.243-62.

9 Os princípios-chave incluem:
   – enfatizar capacidade de longo prazo e construir instituições como objetivos estratégicos;
   – encorajar a apropriação por meio da ênfase no papel central dos países recebedores com planejamento, formulação e gestão de Assistência Técnica;
   – utilizar uma abordagem de programa e reconhecer as necessidades do setor privado para Assistência Técnica;

Cooperação e desenvolvimento humano

1 fortalecer gestão do país recebedor e sua responsabilidade por projetos de CT;

2 mudar a fusão de formas de execução para incluir conselheiros por curto prazo e arranjos de preparação, participação muito maior de consultores locais, ligação institucional. O modelo de especialistas residentes e exilados foi veementemente criticado como uma forma ineficaz de construir/fortalecer capacidades;

3 partir de orientação de projetos em direção à abordagem de programas. A CT seria mais efetiva se integrada com abordagens setoriais, temáticas e nacionais;

4 melhorar o ambiente de trabalho para que os governos recebedores sejam mais capazes de reter e utilizar seu talento (eliminando a prática comum dos doadores de pagar funcionários públicos com suplementos de salários dos projetos financiados pela assistência concedida).

Durante cerca de uma década, houve reconhecimento geral entre países doadores e recebedores de que mudanças fundamentais eram necessárias para redefinir o propósito e fundamentação de CT e para racionalizar alocações de recursos de uma forma mais efetiva e eficiente. Nos anos 1990 houve grande aumento no número de experiências dos países doadores, com novas abordagens de programação que tentavam devolver a responsabilidade de tomada de decisão, gerenciamento e implementação para países recebedores.[10]

Entretanto, as preocupações, duradouras e legítimas, concernentes à efetividade da cooperação técnica na construção de

---

– encorajar maior uso de especialistas e estruturas locais;
– definir objetivos em termos de conseqüências, e não de insumos;
– dedicar maior atenção para custos-efetividade.

10 Inclui o modelo de abordagens setoriais promovido pelo Banco Mundial, Execução Nacional desenvolvida pelo PNUD, modelo belga de co-gestão, "modelo de gestão total" sueco-norueguês etc.

capacidade institucional sustentável e na promoção de autoconfiança em países em desenvolvimento ainda permanecem (Berg, 1993; Bossuyt, et al., 1992; Morgan & Baser, 1993; e Baser & Morgan, 1997). O anexo 2 (p.196) resume alguns dos fatores principais e mais persistentes que explicam a *performance* de baixa qualidade e a inefetividade continuadas da cooperação técnica. A implementação dos princípios do CAD, entre financiadores, permanece desigual; e, geralmente, o compromisso com ação, mudança e reforma total tem sido pequeno, revelando problemas profundos com CT, assim como capitais investidos que são construídos no sistema da assistência como um todo. Em uma revisão de 1997 dos empréstimos de assistência técnica do Banco Mundial, Baser e Morgan sublinharam que a natureza das reformas não são técnicas em si, mas políticas. As reformas necessárias "requerem uma nova análise do papel das agências de desenvolvimento e uma reforma das relações com os emprestadores, o que envolve questões adicionais relacionadas a poder, controle, incentivos à equipe, distribuição de benefícios e responsabilização" (Baser & Morgan, 1997, p.4).

Apropriação e sustentabilidade

Aclamado como a "precondição para alcançar impacto de desenvolvimento sustentável", o desenvolvimento de capacidades se coloca no centro do renovado debate sobre os objetivos de desenvolvimento do milênio em relação à cooperação técnica. Como a CT pode efetivamente e de forma sustentável se combinar com os recursos locais do país para desenvolver capacidade efetiva? Esta é uma tarefa formidável, considerando que as avaliações de CT identificaram fortalecimento institucional e construção de capacidades como uma das formas menos efetivas de CT.

Esta seção sublinha algumas das tendências e desafios centrais e dominantes identificados na literatura. É importante considerar o cenário em que a crítica de CT foi feita no início

Cooperação e desenvolvimento humano

dos anos 1990. A CT no século XXI está enfrentando novas demandas; os programas são muito mais multissetoriais e complexos. Abordagens inovadoras e novas habilidades são necessárias para enfrentar os desafios de desenvolvimento que estão por vir. Qualquer reformulação de CT para desenvolvimento de capacidades deveria esforçar-se para oferecer, neste século, diretrizes críticas e assistência aos países menos desenvolvidos – não apenas a forma como se deve tratar a redução da pobreza, mas também como tirar vantagem das oportunidades (e mitigar os riscos) da globalização.

Os países doadores reconhecem que a apropriação e a sustentabilidade são questões tão centrais quanto as estratégias que afetam a *performance* e as conseqüências da CT. Conceitualmente, isso implica que a CT deveria começar onde os países recebedores identificam problemas e necessidades e, com os financiadores, eles têm de decidir em que lugar se encontram as diferenças de capacidades (ver capítulo 3).

Operacionalmente, os países financiadores traduziram o princípio da apropriação, de início, para o uso de técnicas participativas e consultivas, tais como o diálogo com os participantes e com setores-chave da sociedade, maior envolvimento do país recebedor na formulação, implementação e tomada de decisões, e descentralização para níveis locais. A experiência com programas de capacidade aponta para resultados bem-sucedidos, quando eles respondem à iniciativa interna e são apoiados por meio da abordagem de processo. Ao mesmo tempo que os doadores estão de fato mudando a natureza do seu envolvimento para uma postura que preza pela explicação, demonstração, facilitação e conselho, seus projetos/programas continuam a ser largamente definidos e dirigidos por eles. Apropriação requer o fortalecimento da capacidade dos governos para gerenciar estrategicamente os processos de desenvolvimento.

A ênfase em sustentabilidade implica mudança de projetos para programas. Também significa que os programas devem ser desenvolvidos de forma que combine com a capacidade local em sua implementação e gerenciamento; assim como quer dizer uma redução de expectativas com respeito ao prazo em que os resultados esperados irão se materializar (Qualman & Bolger, 1996).

Fatores sistêmicos e contextuais

A escassez de dados sobre CT se deve a objetivos de projetos concebidos de forma deficiente, sem qualquer ligação com o contexto ou com as prioridades de um programa nacional mais amplo. Nas revisões dos doadores de CT, há duas recomendações que emergem de forma consistente:

- a importância do contexto e seu impacto na efetividade da CT. É importante encarar CT, assim como outras intervenções para o desenvolvimento, como iniciativa que ocorre em um contexto político, em que conjuntos de interesses competem e/ou conflitam. Os doadores, e seus cidadãos, de forma idêntica, precisam entender melhor como a CT se configura em diferentes situações e como cada situação irá necessitar de uma nova estratégia.
- a importância de se integrarem esforços de CT e, portanto, de desenvolvimento de capacidades, com uma política nacional mais ampla, em estruturas setoriais e de programas.

A OECD/CAD elevou a importância de uma parceria para o desenvolvimento efetivo e sustentável (OECD, 1996). O movimento em direção a parcerias nas relações entre doador recebedor tem certas implicações (em sua maior parte para os donatários). Inerente à parceria está a noção de reciprocidade e igualdade, assim como a prática de consulta interativa e diálogo em todos os aspectos do planejamento e gestão do desenvolvimento. Para CT, e para todo o conjunto de ajuda, isso significa que ela deve estar subordinada a prioridades e planos nacionais; no

Cooperação e desenvolvimento humano

nível de programa, simboliza a descentralização de gestão da assistência e o desenvolvimento de novas práticas para o desenvolvimento local e fortalecimento de novas instituições.

Outro aspecto para a equalização da relação de ajuda diz respeito à renegociação da estrutura de responsabilização. A responsabilização em relação a resultados precisa ser dividida e redefinida como um processo que segue dois sentidos: para cima, em direção aos governos doadores e nacionais, e para baixo, para os grupos beneficiários e interessados. A transparência no processo de tomada de decisões e provisão de ou acesso à informação são aspectos-chave no processo de responsabilização.

A CT não é mais a transferência unilateral de conhecimento, recursos e habilidades. Melhorar a efetividade desta requer que doadores e recebedores aprendam por meio da gestão de processos de mudança a melhorar ainda mais a formulação e implementação de suas atividades. O processo de desenvolvimento de capacidades requer habilidades humanas e institucionais apropriadas e adequadas para planejar e gerenciar processos de desenvolvimento econômico e social. Deve-se dar preferência a recursos humanos locais que são subutilizados em relação aos "especialistas" estrangeiros.

Os anos 1990 testemunharam o papel redefinido do Estado e a maior atuação de atores não-estatais, a saber, do setor privado e da sociedade civil na área de provisão e execução de serviços. A CT, argumenta-se, deveria ser usada para apoiar "um Estado capaz", que ajudasse os governos a identificar papéis para ele e a criar parcerias entre os setores público e privado. O desenvolvimento depende de um setor público efetivo "que possa formular e implementar políticas coerentes e consistentes; criar um ambiente propício para o desenvolvimento do setor privado e para a entrega de serviços à população de uma maneira que responda às necessidades da sociedade" (UNDP, 1994).

Diante da nova divisão de trabalho, a CT deveria também assistir governos a fim de identificar necessidades de capacidade em uma interface particular entre o setor público, privado e a sociedade civil. A interface público-privada envolve a identificação e avaliação das necessidades e o desenvolvimento e implementação de programas para satisfazer tais necessidades.

Questões atuais

Morgan (1997) descreve algumas questões atuais centrais para o desenvolvimento de capacidades e considerações para formulação de CT:

- Qual é a estratégia de capacidades que um país deseja adotar? Outras questões dentro desta categoria incluem: Quais são os papéis apropriados dos diferentes atores, tais como governo ou setor privado? Quem tomará decisões sobre as políticas? Como?
- Ajuste institucional. "Reformas institucionais drásticas e implementação de programa têm maiores chances de ser o foco de cooperação para o desenvolvimento."
- Há uma mudança da simplicidade do "micro" para a complexidade do "macro" na medida em que os países financiadores trabalham com grupos, redes e parcerias complexas. O espectro de organizações envolvido tem crescido e vai de pequenas ONGs até grandes agências governamentais.
- Os resultados são difíceis de alcançar porque desenvolvimento de capacidades é um assunto intrincado e difícil.
- Uma estrutura de longo prazo é necessária para alcançar muitos dos objetivos do desenvolvimento de capacidades, sejam eles baseados em processo ou em conseqüências.
- A imprevisibilidade e a incerteza continuarão a crescer. "Sistemas organizacionais tornam-se mais caóticos na medida em que eles lutam com problemas complexos multifacetados. Ou os problemas organizacionais e sua solução são insuficientemente compreendidos ou se tornam desconexos ...

Há uma compreensão confusa dos meios, conseqüência de impactos cumulativos das ações coletivas ... Os programas vivem uma participação fluida em que muitos atores estão envolvidos de formas inconsistentes."

O desenvolvimento de capacidades apresenta várias implicações para a forma como as agências de desenvolvimento operam. Se for para considerar desenvolvimento de capacidades seriamente, os doadores precisam promover uma mudança conceitual em todas as suas organizações e também alterações fundamentais nas atividades dos países em desenvolvimento. Eles têm de passar de recursos tradicionais ou do modo de transferência técnica para algo muito mais complexo. O desenvolvimento de capacidades envolve várias questões delicadas que os doadores tradicionalmente têm evitado.

Os doadores precisam reexaminar as relações com parceiros locais. A importância da parceria foi reconhecida em Relatório de Cooperação do CAD em 1999, que afirmava, "parceria não é mais uma opção. É uma necessidade. Todos os Estados agora se colocam à mesma mesa de negociação, criando novos interesses mútuos".[11] Entretanto, conforme indica a ONG *Reality of Aid*, "dadas as enormes disparidades em saúde, influência e capacidades entre os países da OECD, é ilusório sugerir que sentar à mesma mesa de negociação significa que as relações entre os países sejam qualquer coisa próxima de eqüitativas" (*Reality of Aid*, 2000; Hauck & Land, 2000).

O desenvolvimento de capacidades é um processo político carregado de juízos de valor. Serão desenvolvidas as capacidades de quem? Quem serão os vencedores e perdedores se esses valores forem operacionalizados?

O desenvolvimento de capacidades envolve, em parte, poder e mudanças de poder. Mudanças nas estruturas de poder da

---

11 Jornal do CAD, 2000, citado em *Reality of Aid*, 2000.

sociedade ou de uma organização são sempre políticas e, às vezes, podem ser perturbadoras. Entretanto, a natureza política inerente ao trabalho de desenvolvimento tem sido negligenciada há muito tempo. O movimento em direção ao desenvolvimento de capacidades está forçando os doadores a reconhecer que suas atividades – de fato, sua própria presença – em um país nunca são neutras. Quando o objetivo é redução da pobreza, ou desenvolvimento humano sustentável, as características políticas de desenvolvimento de capacidades irão se colocar na linha de frente.

Em último lugar, um dos perigos da elevada seletividade por parte dos doadores (em oferecer ajuda aos países que podem utilizá-la melhor) irá atingir milhões de pessoas pobres que vivem em países que, com capacidades institucionais frágeis, não se qualificarão como bons locais de recebimento de ajuda. Os doadores que se comprometem com a redução da pobreza – especialmente com os mais pobres dos pobres – terão que ajudar a construir capacidade naqueles lugares não mais vistos como "eficientes" recebedores de auxílio. Nesse sentido, eles precisarão oferecer "ajuda anterior à ajuda", ou seja, construir capacidades para que os países recebedores sejam capazes de maximizar os recursos provenientes de assistência internacional.

2
Inovações institucionais

O mundo, no início do século XXI, apresenta cenas, sons e experiências que continuam a surpreender qualquer pessoa nascida mesmo há poucas décadas. Espaço e tempo têm sido reduzidos por uma multiplicidade de equipamentos de comunicação. Geneticistas decodificam e consertam o alfabeto da vida. E milhões de pessoas a cada ano casualmente cruzam continentes em busca de trabalho, diversão e novas experiências. Bilhões de pessoas têm a capacidade de saber e fazer coisas com as quais seus pais e avós nem mesmo poderiam sonhar. Ainda mais surpreendentes – e perturbadoras – são as cenas persistentes de pobreza. Outros bilhões de pessoas possuem horizontes muito mais estreitos. Elas contemplam aviões cortando o céu, mas retiram sustento de solos áridos e improdutivos com ferramentas simples, ou recolhem do lixo urbano garrafas vazias ou plástico que serão vendidos para comprar a próxima refeição. Certamente elas compartilham das alegrias e excitações próprias da natureza humana e geralmente dispõem de rica herança cultural que muitas sociedades modernas deixaram esvair, mas suas capacidades para conhecer, explorar e aproveitar inteiramente seus potenciais, sem mencionar o resto do mundo, são severamente restritas.

O mais chocante de tudo, talvez, é que essas cenas, tanto de gozo total de cada oportunidade como de confrontação com a exclusão absoluta, são freqüentemente justapostas e misturadas. Mesmo as cidades mais ricas do mundo têm esquinas obscuras de privação, enquanto enclaves nos países pobres acolhem algumas das pessoas mais ricas do mundo. E, ao percorrer todas essas cenas, percebem-se pavios de ressentimento e violência que podem se inflamar a qualquer momento – na próxima esquina, em todo o país ou mesmo em todo o mundo.

O mundo como um todo experimentou um progresso considerável nos últimos cinqüenta anos. A expectativa média de vida, por exemplo, aumentou de 10 para 20 anos, exceto nos lugares em que HIV/AIDS fez incursões significativas. E a proporção no mundo de pessoas que vivem com pouca renda diminuiu. Mas o progresso não é inevitável ou universal. Enquanto algumas regiões, países e continentes se lançaram em novas direções, outros padecem em equilíbrios de baixo nível, não muito além do nível de sobrevivência. Desde 1990, o número de pessoas de baixa renda tem aumentado a cada ano na África subsaariana, no sul da Ásia, na América Latina e no Caribe.

As complexidades e frustrações do desenvolvimento geraram uma literatura vultosa, assim como numerosas instituições e organizações sugerindo mudanças e novas direções. No início dos anos 1990, muitas dessas percepções estavam imbuídas do conceito de desenvolvimento humano, que ambicionava mais do que uma simples obsessão por crescimento econômico. Inversamente, ele apresentava uma visão mais abrangente e inclusiva das capacidades pessoais – não apenas para ter uma renda maior, mas para aumentar as suas possibilidades, para saber

Cooperação e desenvolvimento humano

e fazer mais, e para ter saúde, habilidade e vigor a fim de levar vidas completas e prazerosas.

Prioridades antigas

Apesar de os objetivos do desenvolvimento serem mais bem articulados agora do que no passado, os mecanismos para atingi-los se tornaram mais evasivos. Quando a idéia de "desenvolvimento" se estabeleceu na metade do século passado, parecia que tudo o que os países pobres tinham de fazer era emular os países ricos, seguindo em linhas gerais o mesmo caminho de desenvolvimento em direção a um destino parecido. De fato, pensava-se que os países mais pobres seriam capazes de fazê-lo de forma ainda mais rápida. Em primeiro lugar, eles poderiam tirar vantagem da experiência dos seus predecessores ao adotar as mesmas medidas e tecnologias comprovadas. Em segundo, teriam condições também de se beneficiar de assistência vinda dos países ricos – não apenas na forma de doações e empréstimos para ajudar a construir infra-estrutura (estradas, indústrias, escolas e hospitais), mas até por meio de competência, adquirindo informações, habilidades e conhecimentos necessários a uma sociedade industrial moderna.

Conseqüentemente, milhares de especialistas e consultores se espalharam pelo mundo, assumindo ministérios e escritórios, em parte para supervisionar projetos de assistência, mas ainda para plantar suas habilidades e competências em um ambiente fértil e novo, trabalhando em conjunto com parceiros locais. Alguns desses estrangeiros participavam de programas "independentes" – objetivando desenvolver capacidades em comunidades e sociedades na área de saúde ou educação, por exemplo. Outros faziam parte de programas maiores – vindos junto com investimentos de capital, a fim de assegurar que as novas instalações fossem estabelecidas da maneira mais tranqüila possível, e tentando transferir as habilidades necessárias para operá-las e mantê-las.

Partia-se do pressuposto de que os países em desenvolvimento não possuíam habilidades essenciais – e que estrangeiros poderiam preencher essas lacunas com rápidas injeções de *know-how*. O vocabulário para tal atividade mudou com o passar dos anos. Nas primeiras décadas, o programa de assistência como um todo era denominado "assistência ao desenvolvimento", e sua parte relacionada à transferência de habilidades e sistemas era chamada "assistência técnica". Mas os profissionais da área de desenvolvimento se preocuparam com o fato de que "assistência" implicava – e de fato refletia – desigualdade e dependência em vez de um espírito positivo de parceria. Depois de duas décadas, afinal, começou-se a se referir à assistência internacional como "cooperação para o desenvolvimento", e muitos atribuíam à transferência de conhecimento o título de "cooperação técnica", apesar de outros, até mesmo o Banco Mundial, ainda a classificarem de "assistência técnica", quando até mesmo acompanhada de investimento de capital. Seria útil também encontrar um substituto para a palavra "técnica", que sugere ênfase em ciência e tecnologia – um equívoco, já que a maior parte da cooperação foi, e tem sido crescentemente, em áreas não-tecnológicas, como educação, administração e reforma judiciária.

Grande parte dessa cooperação para o desenvolvimento e a cooperação técnica parecia fadada ao sucesso. Em primeiro lugar, havia o êxito espetacular do Plano Marshall, sem o qual os países europeus teriam tido dificuldades muito maiores para revitalizar suas economias e reconstruir suas nações depois da devastação da Segunda Guerra Mundial. Em segundo, alguns países mais pobres, particularmente os Tigres Asiáticos, fizeram uso seletivo da cooperação para o desenvolvimento para se lançar a décadas de crescimento ligado à exportação. Mas em outros lugares, e principalmente nos últimos anos, os registros de-

Cooperação e desenvolvimento humano

siguais de países a atingir transformações econômicas e sociais levaram muitos a questionar a efetividade que a cooperação para o desenvolvimento já teve e ainda poderá ter.

De todos os elementos do pacote de cooperação para o desenvolvimento, o desenvolvimento de capacidades nacionais surgiu como um objetivo particularmente evasivo. Milhares de pessoas foram treinadas e milhares de "especialistas" acionados. As conquistas educacionais cresceram de maneira dramática, a ponto de desempregados com diploma universitário dirigirem táxis, enquanto outros integram a chamada "fuga de cérebros". Entretanto, os compromissos com o desenvolvimento enfrentam, constantemente, falta de habilidades necessárias e instituições frágeis. As instituições doadoras enviam veículos, livros ou computadores; despacham especialistas estrangeiros, em transferências duradouras ou consultorias curtas. Mas, à primeira vista, ainda não houve transmissão de conhecimento – ou pelo menos não de maneira catalítica que desperte uma reação em cadeia positiva nas sociedades em desenvolvimento. Especialistas estrangeiros certamente provaram que podem fazer o trabalho – ajudando a construir barragens ou a instalar sistemas de irrigação. E são aptos para promover seminários e cursos múltiplos que melhorem as habilidades individuais de milhares de pessoas. No entanto, a capacidade de instituições locais, e de países como um todo, ainda não parece adequada para enfrentar os desafios do desenvolvimento. Houve micromelhoras positivas, mas não do tipo de macroimpactos que constroem e sustentam a capacidade nacional para o desenvolvimento.

Os doadores tentaram cuidar dessa questão, principalmente por meio da elaboração de programas de cooperação que enfatizam a necessidade de mais ajuda técnica e de novas levas de especialistas e treinamentos (Berg, 1993; OECD, 1987). As despesas com cooperação técnica totalizaram US$ 14,3 bilhões em 1999, segundo o Comitê de Assistência para o Desenvolvimento. Esta é uma quantia substancial, quase o dobro do total gasto em 1969 (ver Quadro 1). Se despesas com pessoal, treinamento e investimento em outros projetos fossem incluídas, o montante seria ainda maior, US$ 24,6 bilhões (Baris et al., 2002).

Prioridades novas

Por trás das quantias crescentes, porém, está o fato de que, nas últimas três décadas, as prioridades mudaram. Recursos para a cooperação técnica na realidade foram diminuídos nos países de baixa renda, nos países menos desenvolvidos e na África subsaariana – isto se reflete em desembolsos totais, desembolsos *per capita* e em proporção ao total da assistência oficial para o desenvolvimento (ver tabelas seguintes) –, até mesmo quando esses recursos aumentaram nos países de renda elevada, e na Ásia e no Leste europeu. Esta é uma tendência perturbadora. Os países que mais precisam do desenvolvimento de capacidades estão recebendo cada vez menos assistência. Ainda pior, à medida que o mundo se torna dia a dia dominado por uma "economia de conhecimento", e globalmente integrado em um único mercado, os países em desenvolvimento precisam de ainda mais capacidade para competir. Dessa forma, os países pobres necessitam de mais, não de menos cooperação técnica, e também de formas de cooperação mais efetivas no desenvolvimento de capacidades. Essas mudanças tecnológicas, econômicas e sociais no mundo oferecem novas oportunidades para o desenvolvimento de capacidades que garantem uma maneira renovada de enxergar a cooperação técnica, seus problemas passados e soluções futuras.

Nas últimas duas décadas, preocupações com a efetividade da cooperação técnica provocaram um processo quase constante de reavaliação. Nos anos 1980, várias avaliações por parte dos doadores conduziram a debates na comunidade doadora, mais notavelmente no CAD, que promoveu uma série de seminários sobre esse tema. Em 1991, o comitê publicou um documento intitulado *Princípios para Novas Orientações em Cooperação Técnica (Principles for New Orientations in Technical Co-operation)*, que solicitava mudanças nas práticas existentes. Um seminário de alto nível foi organizado em 1996.

Ao mesmo tempo, o UNDP lançou um programa com mais de 30 governos da África para avaliar a efetividade da cooperação técnica e estabelecer políticas e prioridades nacionais. A originalidade desse processo derivava do fato de se tratar de um programa nacional de reflexão que levava à adoção de uma política nacional coerente e de prioridades. Denominado Programas Nacionais de Avaliação de Cooperação Técnica (*National Technical Cooperation Assessment and Programmes* – NaTCAP), também propiciava percepções, análises e dados únicos sobre os sucessos e insucessos da cooperação técnica, do ponto de vista dos recebedores. Os resultados dessas experiências foram publicados no livro de Berg (1993) *Rethinking Technical Cooperation: Reforms for Capacity-Building in Africa* [Repensando a Cooperação Técnica: Reformas para a Formação de Capacidades na África]. Em suas avaliações, a maioria dos países chegou a conclusões semelhantes: que a cooperação técnica provou ser efetiva na realização de tarefas, mas menos satisfatória no desenvolvimento de instituições locais ou no fortalecimento de capacidades locais; e que era cara, orientada pelos doadores, muitas vezes servindo para aumentar a dependência em relação aos especialistas estrangeiros, e distorcendo as prioridades nacionais. Como conseqüência destas e de outras críticas, os doadores trabalharam com os recebedores para reelaborar muitos dos programas de assistência – tirando a presença maciça de professores, engenheiros e pessoal estrangeiro, por exemplo, e investindo mais na formação de profissionais nacionais.

Quadro 1 – Tendências recentes da assistência oficial para o desenvolvimento

| | 2003 | | 2002 | | 2001 | | Mudança do percentual | |
| | Montante | Montante | Montante | Montante | Montante | Montante | 2002 para 2003 | 2001 para 2002 |
	US$m real	em % do PIB	US$m real	em % do PIB	US$m real	em % do PIB	Em termos reais (1)	Em termos reais (1)
Alemanha	6.784	0,28	5.324	0,27	4.990	0,27	5,3	-0,2
Austrália	1.219	0,25	989	0,26	873	0,25	0,4	4,9
Áustria	505	0,20	520	0,26	533	0,29	-20,5	-8,4
Bélgica	1.853	0,60	1.072	0,43	867	0,37	40,7	14,8
Canadá	2.031	0,24	2.004	0,28	1.533	0,22	-12,7	31,2
Dinamarca	1.748	0,84	1.643	0,96	1.634	1,03	-12,8	-5,8
Espanha	1.961	0,23	1.712	0,26	1.737	0,30	-7,8	-10,3
Estados Unidos	16.254	0,14	13.290	0,13	11.429	0,11	20,4	15,0
Finlândia	558	0,35	462	0,35	389	0,32	0,3	11,5
França	7.253	0,41	5.486	0,38	4.198	0,32	8,7	22,1
Grécia	362	0,21	276	0,21	202	0,17	5,7	25,5
Irlanda	504	0,39	398	0,40	287	0,33	3,8	25,7
Itália	2.433	0,17	2.332	0,20	1.627	0,15	-15,3	32,6
Japão	8.880	0,20	9.283	0,23	9.847	0,23	-9,2	-1,2
Luxemburgo	194	0,81	147	0,77	139	0,76	8,4	0,2
Nova Zelândia	165	0,23	122	0,22	112	0,25	6,9	-1,1
Noruega	2.042	0,92	1.696	0,89	1.346	0,80	4,6	12,7
Países Baixos	3.981	0,80	3.338	0,81	3.172	0,82	-3,2	-3,3

	2003 Montante	2003 Montante	2002 Montante	2002 Montante	2001 Montante	2001 Montante	Mudança do percentual 2002 para 2003	Mudança do percentual 2001 para 2002
	US$m real	em % do PIB	US$m real	em % do PIB	US$m real	em % do PIB	Em termos reais (1)	Em termos reais (1)
Portugal	320	0,22	323	0,27	268	0,25	-19,4	9,2
Suécia	2.400	0,79	2.012	0,84	1.666	0,77	-2,8	10,9
Suíça	1.299	0,39	939	0,32	908	0,34	19,7	-5,0
Reino Unido	6.282	0,34	4.924	0,31	4.579	0,32	14,0	0,0
Total (2)	69.029	0,25	58.292	0,23	52.335	0,22	4,8	7,2
Esforço médio por país		0,41		0,41		0,39		
Agrupamentos								
1. Comissão Européia	7.173		6.561		5.961		7,7	2,1
2. Países da UE combinados	37.139	0,35	29.949	0,35	26.288	0,33	3,0	5,8
3. Países do G7	49.917	0,21	42.646	0,20	38.202	0,18	6,3	9,2
4. Países que não pertencem ao G7	19.112	0,46	15.627	0,47	14.133	0,47	0,5	1,8

(1) Levando em conta tanto a inflação quanto o movimento das taxas de câmbio.
(2) Apenas os países membros do Comitê de Assistência ao Desenvolvimento da OECD
Fonte: OECD, 2004 <http://www.oecd.org/dataoecd/19/52/34352584.pdf>

Quadro 2 – Total de AOD dos países do CAD

Total dos países do CAD			
AOD Líquida	2002	2003	Mudança 2002/2003
Real (em milhões de US$)	58.292	69.029	18,4%
Constante (em 2002 milhões de US$)	58.292	61.062	4,8%
AOD/PIB	0,23%	0,25%	
Porção bilateral	70%	72%	
Assistência Oficial (AO) Líquida			
Real (em milhões de US$)	6.317	7.106	12,5%

Dez maiores recebedores de AOD/AO Bruta (em milhões de US$)		
1	Congo, Rep. Dem.	2.760
2	China	2.028
3	Índia	1.680
4	Indonésia	1.596
5	Paquistão	1.420
6	Sérvia e Montenegro	1.387
7	Egito	1.268
8	Moçambique	1.232
9	Afeganistão	1.110
10	Rússia	1.108

Cooperação e desenvolvimento humano

AOD Bruta Bilateral, média 2002-2003
Por grupos de renda (milhões de US$)

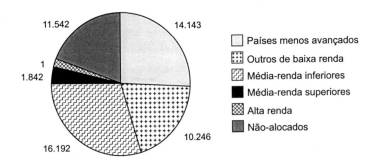

Por região (milhões de US$)

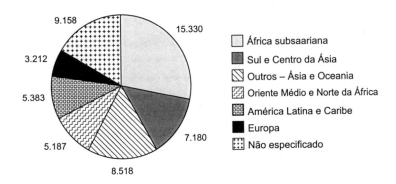

Por setor

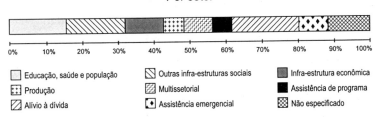

Fonte: OECD/CAD, 2004 <http://oecd.org/dataoecd/17/39/23664717.gif>

Quadro 3 – Assistência por região em porcentagem da assistência total líquida

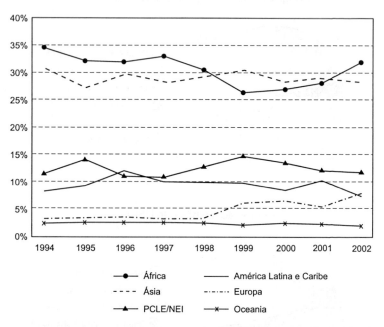

PCLE/NEI: Países do Centro e Leste europeu (Bulgária, República Tcheca, Hungria, Pôlonia, Romênia, Eslovênia, Eslováquia) e novos Estados Independentes (Belarus, Federação Russa, Casaquistão e Ucrânia).
Fonte: OECD, 2004 (<http://www.oecd.org/dataoecd/39/50/7504885.pdf>)

Nos anos 1990, houve outra sucessão de discussões sobre como desenvolver melhores relações entre doadores e recebedores, e uma preocupação constante com a falta de "apropriação" como elemento importante que minava a efetividade, não apenas da cooperação técnica, mas também de outras formas de assistência, principalmente de empréstimos para ajustes estruturais (Banco Mundial, 1998a). A comunidade doadora tentou construir relações mais equilibradas com os recebedores – enfatizando a "parceria" e o "diálogo sobre políticas". Ainda nos anos 1990, os doadores também priorizaram a "participação" –

Cooperação e desenvolvimento humano

trabalhando não apenas com agências governamentais, mas também com organizações não-governamentais e outros segmentos da sociedade civil, e tentando criar condições nas quais o setor privado pudesse florescer.

Em 1994, por exemplo, o OECD/CAD concordou com as "novas orientações para a assistência ao desenvolvimento", enfatizando a necessidade de controle local e de desenvolvimento de capacidades de longo prazo, seguidas de uma solicitação por uma nova parceria para remodelar o século XXI. Mais recentemente, o Banco Mundial e o Fundo Monetário Internacional deixaram de lado programas de ajuste estrutural implementados de cima para baixo em benefício de um processo mais participativo, que reúne os interessados locais, para ajudarem a definir políticas nacionais sociais e econômicas com vistas à redução da pobreza. As Estratégias para a Redução da Pobreza (ERPs, *Poverty Reduction Strategy Papers – PRSPs*) que resultam desse processo são então utilizadas como base para decisões sobre assistência e alívio à dívida.[1]

Na década de 1990, muitas agências de assistência também introduziram o gerenciamento baseado em resultados. Estudos recentes de avaliação comparativa sugerem que as agências de assistência foram bem-sucedidas em atingir resultados melhores com o passar do tempo. O Relatório da Efetividade do Desenvolvimento do PNUD (*Development Effectiveness Report*) de 2001 revela que a porcentagem de projetos considerados efetivos subiu de 35% em 1992-1998 para 60% em 1999-2000. De maneira semelhante, o Departamento Britânico para o Desenvolvimento Internacional (DFID) também revelou uma tendência ascendente, de 66% na década de 1980 para 75% na década de 1990, de projetos classificados como satisfatórios ou superiores em relação ao alcance de objetivos imediatos. No Banco Mun-

---

1 Para maiores detalhes sobre as ERPs, ver capítulo 4.

dial, a porcentagem classificada como satisfatória ou superior em respeito a resultados cresceu de 72% no início da década de 1990 para 81% no final dessa mesma década (UNDP, 2001a).

Ainda assim, o impacto geral maior da cooperação técnica no desenvolvimento de capacidades nacionais permanece preocupante. Pesquisas para o projeto "Reformando a Cooperação Técnica para o Desenvolvimento de Capacidades" (*Reforming Technical Cooperation for Capacity Development*) confirmam que muitas das recomendações dos Princípios e Reelaboração da Cooperação Técnica (*Principles and Rethinking Technical Cooperation*) de 1991 do CAD não foram implementadas, e que vários problemas continuam. A cooperação técnica ainda é freqüentemente criticada por:

- Minar a capacidade local: em vez de ajudar a construir instituições sustentáveis e outras capacidades, a cooperação técnica tende a substituir ou inibir alternativas locais.

- Distorcer prioridades: o financiamento para cooperação técnica geralmente contorna os processos orçamentários normais, escapando da disciplina de definição de prioridades das avaliações formais.

- Escolher atividades de grande visibilidade: os doadores geralmente escolhem as atividades de apelo mais visível aos eleitores do seu país de origem, deixando para os governos dos países recebedores o financiamento, da melhor forma possível, de outras funções rotineiras, mas necessárias.

- Fragmentar o gerenciamento: cada doador envia seu próprio pacote de financiamento e de outros recursos para programas individuais, e demanda que os recebedores sigam procedimentos, formatos e padrões de relatórios distintos, o que consome tempo e recursos já escassos.

- Usar métodos custosos: os doadores geralmente requerem que os projetos comprem bens e contratem especialistas do país doador, apesar de ser muito mais barato contratá-los em outro lugar.

Cooperação e desenvolvimento humano

- Ignorar os anseios locais: os doadores prestam pouca atenção às comunidades que irão se beneficiar das atividades de desenvolvimento, às autoridades locais, ou às ONGs; enfim, a todos os que deveriam abarcar a fundação sobre a qual capacidades locais mais fortes se desenvolveriam.
- Se fixar em metas: os doadores preferem atividades que mostrem perfis claros e resultados tangíveis. O desenvolvimento de capacidades bem-sucedido, por outro lado, é incluído apenas de maneira intrínseca.

Por que esses problemas antigos persistem? Precisamos examinar de maneira mais profunda os pressupostos básicos que dão suporte ao antigo modelo de cooperação técnica, e que permanece inalterado até hoje – incluindo aqueles sobre a natureza do desenvolvimento, sobre o papel da capacidade dentro do desenvolvimento, sobre a relação entre assistência, doador e recebedor, e sobre conhecimento e capacidade. O modelo antigo se baseia em dois pressupostos equivocados em particular. O primeiro é a crença de que é possível simplesmente ignorar as capacidades existentes nos países em desenvolvimento e substituí-las por conhecimento e por sistemas produzidos em outros lugares – uma forma de desenvolvimento como substituição, em vez de desenvolvimento como transformação. O segundo pressuposto tem a ver com a assimetria da relação entre doador e recebedor – a convicção de que é possível aos doadores controlar até a última etapa do processo e ainda assim considerar os recebedores seus parceiros.

Desenvolvimento como transformação

Para todas as teorias universais sobre desenvolvimento, e os levantes causados por guerras e revoluções, a maioria dos países e sociedades evoluiu de maneira orgânica, seguindo sua própria lógica e se firmando com recursos e força próprios. Assim, supor que países em desenvolvimento com capacidades frágeis possam simplesmente começar de novo a partir dos modelos de outros países é desdenhar da história. Também para esses países, o processo mais natural é o desenvolvimento como transformação. Isto significa fomentar processos domésticos, valendo-se da riqueza do conhecimento e das capacidades locais e expandindo-os para atingir objetivos e aspirações que o país definir.

O que é capacidade? Aqui ela é definida simplesmente como a habilidade de desempenhar funções, resolver problemas e definir e atingir objetivos. Cada sociedade tem capacidades que correspondem às suas próprias funções e objetivos. Sociedades não-industriais, por exemplo, têm poucas instituições formais, mas possuem habilidades altamente desenvolvidas e redes complexas de relações sociais e culturais que em geral pessoas de fora têm dificuldade para entender. Mais importante que tudo, por meio de um processo de aprendizado cooperativo e cumulativo, tipicamente transmitido de forma oral, elas encontraram maneiras de sobreviver em condições muitas vezes difíceis e agressivas. As sociedades modernas pós-industriais têm seu próprio conjunto de capacidades, embora pareçam muito diferentes. Elas também dispõem de estruturas sociais complexas, mas tendem a usufruir de atividades mais diversas e especializadas, e a se valer de bases de conhecimento extensivamente codificadas, miríades de organizações e um excesso de habilidades especializadas, muitas das quais só podem ser adquiridas depois de anos de educação e treinamento.

À medida que os países se transformam, eles precisam desenvolver capacidades diferentes. Mas é importante reconhecer que não o fazem meramente como um agregado de indivíduos. A capacidade nacional não é apenas a soma total de capacidades individuais. É um conceito muito mais rico e complexo que entrelaça talentos individuais em um tecido forte e maleável. Se os países e sociedades querem desenvolver capacidades, devem fa-

Cooperação e desenvolvimento humano

zer mais do que expandir as aptidões humanas individuais. Eles também têm que criar oportunidades e estímulos para as pessoas usarem e estenderem essas aptidões. O desenvolvimento de capacidades, portanto, acontece não apenas em indivíduos, mas também entre eles, nas instituições e redes que criam – por meio do que foi denominado "capital social", que mantém as sociedades unidas e determina os termos dessas relações. A maioria dos projetos de cooperação técnica, porém, se limita às aptidões individuais e à construção de instituições, deixando de lado o nível social (ver capítulo 1).

Três níveis do desenvolvimento de capacidades

O desenvolvimento de capacidades precisa ser abordado em três níveis diferentes: individual, institucional e social.

- Individual: envolve permitir a indivíduos embarcar em um processo contínuo de aprendizagem – valendo-se de conhecimentos e habilidades já existentes e estendendo-os em novas direções quando novas oportunidades aparecerem.
- Institucional: também implica se valer de capacidades já existentes. Em vez de tentar construir novas instituições, como centros de pesquisa em agricultura ou centros de assistência jurídica baseados em modelos estrangeiros, governos e doadores precisam procurar iniciativas já existentes, mesmo que incipientes, e encorajá-las a crescer.
- Social: abrange capacidades da sociedade como um todo, ou uma transformação para o desenvolvimento. Um exemplo é criar os tipos de oportunidades, quer no setor público ou privado, que possibilitem às pessoas usar e expandir suas capacidades ao máximo. Sem tais oportunidades, as habilidades pessoais se desgastam rapidamente, ou se tornam obsoletas. E, se não houver oportunidades locais, pessoas habilidosas passam a integrar a fuga de cérebros e partem.

Todas essas camadas de capacidade são mutuamente interdependentes. Quando buscamos apenas uma ou outra, o desenvolvimento se torna distorcido e ineficaz.

Uma fonte de confusão é considerar o desenvolvimento de capacidades como desenvolvimento de recursos humanos. Isto é lamentável. O desenvolvimento de capacidades é um conceito mais abrangente e refere-se não apenas à aquisição de habilidades, mas também à capacidade de usá-las. Tal situação, por sua vez, não tem a ver somente com estruturas de emprego, mas ainda com capital social e com razões diferentes pelas quais as pessoas se engajam em ações cívicas.

Essa visão mais completa do desenvolvimento de capacidades contrasta com convicções anteriores de que tudo o que os países mais pobres precisavam fazer para progredir era reduzir a máquina pública e as distorções de mercado – "ter os preços certos". Isso pode ter equilibrado os orçamentos nacionais, mas também contribuiu para a destruição da capacidade local. Há vantagens em usufruir dos preços certos, mas é ainda mais importante possuir as capacidades certas.

Capacidade e processos produtivos

A capacidade de fazer coisas – incluindo conhecimento e tecnologia – também precisa ser integrada a sistemas de conhecimento e a atividades e estruturas produtivas existentes em qualquer sociedade. Nos países em desenvolvimento, há geralmente dois sistemas de conhecimento e produção operando em paralelo: doméstico e moderno. Quando um novo conhecimento não está integrado aos conhecimentos ou sistemas produtivos domésticos, ele não é útil, apesar do seu potencial.

É claro que nem todo desenvolvimento de capacidades acontece por meio do setor público ou da cooperação técnica. Todos os países estão constantemente engajados em processos múltiplos de desenvolvimento de capacidades, no setor público,

Cooperação e desenvolvimento humano

na sociedade civil e no setor privado. Empresas privadas, por exemplo, estão com freqüência transferindo e modificando sistemas e tecnologias, e desenvolvendo as capacidades de departamentos e subsidiárias diferentes. Isso geralmente envolve a troca de pessoas e recursos entre afiliadas em países industrializados e em desenvolvimento. O setor privado desenvolve capacidades segundo os ditames de necessidade e desempenho. Essa dinâmica é complexa e muitas vezes uma questão de tentativa e erro, mas a recompensa e disciplina finais são evidentes. Se o desenvolvimento de capacidades funcionar tanto no nível individual quanto no corporativo, criará a perspectiva de produtividade e lucro maiores. Se falhar, haverá risco de intervenção ou falência.

A relação assimétrica

A dinâmica do desenvolvimento de capacidades por meio da cooperação técnica é muito diferente e leva à segunda suposição equivocada que deu suporte à cooperação técnica no passado – que há parceria igualitária entre doador e recebedor. Pelo contrário, as relações tendem a ser mais assimétricas, descontínuas e distorcidas. Na realidade, instituições de desenvolvimento operam como burocracias de tamanhos e complexidade diferentes que exercem poder e dominação (Ribeiro, 2002). A indústria do desenvolvimento cria objetos das iniciativas de desenvolvimento em vez dos parceiros. Isso é exemplificado na linguagem do desenvolvimento, que está cheia de termos de hierarquia e desigualdade: assistência, desenvolvido e em desenvolvimento, doadores e recebedores etc. (ibidem). A mudança do controle e do poder dos beneficiários, nas intervenções para o desenvolvimento, para os provedores de assistência naturalmente resulta do fato de que o financiamento dessas intervenções vem inevitavelmente do doador e não do recebedor. Todas as partes, obviamente, percebem essa relação necessariamente assimétrica, mas o modelo antigo de cooperação técnica deixa isso de lado, de maneira conveniente, e ignora o fato de que isso pode ser um obstáculo no estabelecimento de parcerias. Embora, no nível mais alto, os envolvidos possam sentir que estão sendo levados por objetivos de desenvolvimento comuns, na maioria dos propósitos práticos, os estímulos e motivações dos interessados – doadores, consultores, governo e comunidades locais – divergem em grande parte.

Prioridades dos doadores

Os doadores têm uma visão de longo prazo a respeito do que querem contribuir – talvez um sistema de saúde melhor, um judiciário eficiente ou um serviço público mais hábil. Ao mesmo tempo, entretanto, eles devem satisfação aos eleitores no seu país de origem. Sentem-se mais à vontade, portanto, quando podem mostrar atividades visíveis – cursos, apostilas, sistemas de computadores –, o que encoraja uma atitude positiva em relação a pacotes fechados e previamente organizados. Isso talvez torne o processo mais "gerenciável", mas também limita as possibilidades de aprendizado criativo ou de descoberta incremental.

Os doadores também querem ter o máximo de controle possível e evitar acusações de que fundos trabalhosamente arrecadados com impostos estão sendo desperdiçados por causa de ineficiência, incompetência ou corrupção. Uma maneira de atingir tal segurança é enviar compatriotas como fiscalizadores. No passado, os doadores se asseguravam de que quase todos os programas ou projetos de cooperação para o desenvolvimento fossem escoltados por um compatriota como membro da cooperação técnica, o que parecia bastante razoável. Não havia razão para criar nova infra-estrutura para um programa de vacinação nacional, por exemplo, sem ter certeza de que existiriam as habilidades necessárias para administrar tanto o equipamento quanto a equipe. Mas um representante forte da cooperação técnica também oferece meios cruciais para o controle. Quando os doadores têm consultores em campo, mesmo

Cooperação e desenvolvimento humano

que por pouco tempo, eles também possuem olhos e ouvidos *in situ* – mantendo-os em contato direto com os desenvolvimentos e gerando numerosos relatórios e estatísticas. Os doadores usam, portanto, a cooperação técnica para lubrificar os dentes de uma engrenagem perpétua que bombeia grandes volumes de dinheiro aos países em desenvolvimento. É certo que os doadores têm cuidado de alguns desses problemas. Entretanto, muitas das questões fundamentais continuam, e a cooperação técnica é dirigida mais pela oferta do doador do que pela demanda do recebedor.

Também não é provável que os consultores criem problemas. O *status quo* é muito interessante para eles. Embora possam reclamar com veemência das inadequações dos doadores e dos tesoureiros do governo, geralmente se contentam em aceitar missões muito bem pagas, em locais agradáveis. Justificam seus custos fazendo um trabalho bem-feito, dentro de condições limitadas, mas têm pouca motivação para criticar o sistema básico. Se eles o fazem, logo são substituídos por pessoal mais complacente.

Os governos recebedores

Os governos recebedores também se encontram presos a um ciclo de dependência e conformidade. Os ministérios da fazenda, por exemplo, relutam em rejeitar bilhões de dólares em apoio e intercâmbio internacional, até mesmo quando o orçamento está sob o ataque de todos – inclusive das agências financeiras internacionais, convencidas de que a melhor forma de governo é o governo reduzido. Em 1989, por exemplo, nos países da África subsaariana, à exceção da Nigéria, a cooperação técnica foi equivalente a 14% das rendas dos governos. Em dez países, foi equivalente a pelo menos 30%.

Enquanto isso, os órgãos governamentais que gastam dinheiro em desenvolvimento também se emaranham em relações contínuas com os doadores. Eles podem até não concordar com as prioridades destes últimos, mas têm forte motivo para se adaptar – ou prometer se adaptar – ao que é proposto. E os servidores públicos que trabalham nesses órgãos são prudentes em se ajustar, se eles acharem que isso trará mais trabalho e possivelmente garantirá os privilégios que têm para suplementar seus salários geralmente mirrados.

Esses fatores trazem dois impactos danosos. O principal é que a cooperação técnica não funciona em última instância de acordo com a demanda, mas com a oferta. Isso pode funcionar, mas é pouco provável. As únicas pessoas que garantirão que os recursos serão bem utilizados são aquelas que precisam deles. Portanto, a menos que os representantes do governo realmente sintam necessidade de saber o que está sendo dito em um treinamento após o outro, eles podem fazer muito pouco além de transferir informações do quadro-negro para o caderno.

Mas a relação entre doadores e recebedores tem um impacto ainda mais profundo e insidioso. Mesmo quando os doadores oferecem algo útil que os recebedores ajudaram a decidir como poderá ser executado, a relação entre eles muitas vezes leva a uma falta de comprometimento, e até mesmo ressentimento, por parte do recebedor, o que é desestimulante.

A relação mais sadia é aquela na qual o país interessado define suas próprias prioridades e estabelece o momento próprio para transformação social. Nesse ponto, ele procura assistência externa e atrai os recursos de que precisa, sejam eles provenientes do Banco Mundial, Banco Grameen, PNUD, McKinseys, Transparência Internacional ou de ONGs locais. Onde tal relação não existe, os doadores tendem a preencher o vácuo.

Da transferência de conhecimento à sua aquisição

A questão da demanda efetiva também está intimamente ligada ao que gerações de professores sabem sobre os mecanismos básicos de aprendizado. Professores e educadores ofere-

Cooperação e desenvolvimento humano

cem informações, idéias e formas diferentes de conhecimento codificadas em livros ou manuais. A cooperação técnica há muito se baseia nesse tipo de transferência, com o orientador analisando o déficit de conhecimento e receitando soluções que talvez capacitem parceiros locais a melhorar o desempenho. A suposição é de que países mais pobres podem simplesmente adotar um molde aprimorado ao longo do tempo pelos países mais ricos. Não há necessidade de reinventar a roda.

A maioria das pessoas reconhece que isso está, pelo menos em parte, errado, que houve desajustes inevitáveis e ajustes malsucedidos, e que algumas adaptações locais são necessárias. O que não se analisou, no entanto, é quão catastroficamente errada é toda essa maneira de proceder. O processo precisa ser virtualmente virado pelo avesso, tendo como prioridade inicial encorajar os recebedores a iniciá-lo. Para tanto, é preciso um profundo conhecimento do saber e da prática locais – avaliando as capacidades e o potencial dos indivíduos, das instituições e da sociedade como um todo, e descobrindo maneiras de se valer deles de forma incremental. O processo também pode ser, em sentido mais abrangente, político – analisando os diferentes interesses envolvidos e prevendo como os conflitos podem ser resolvidos.

Essa abordagem é também consoante a uma visão mais realista de aprendizado. A maioria dos professores de qualquer nível diz que o aprendizado só acontece de forma efetiva quando os alunos têm motivação e vontade. Na realidade, alguns deles afirmam que não podem, de forma alguma, transferir conhecimento. O máximo que são capazes de fazer é criar condições nas quais as pessoas aprendam. Eles certamente oferecem informações. Mas o conhecimento é mais do que informação; é algo que os alunos têm que adquirir por si sós.

Essa pode até parecer uma distinção sutil, mas quando se trata de alguns fatos sobre o mundo é verdadeira. Tome-se a informação de que a malária é transmitida por um mosquito, ou de que certos pesticidas são apropriados para determinadas lavouras, como exemplo. Nesse caso, um professor ou um livro pode afirmar o fato, e o leitor ou aluno é capaz de absorvê-lo imediatamente. Mas o conhecimento, em seu sentido completo, envolve mais do que a transmissão de fatos. A maior parte do conhecimento útil é tácita – e em um nível mais profundo. Esse tipo de conhecimento, que capacita as pessoas a avaliar novas situações e tomar as decisões certas, não pode ser passado como um simples pacote. Ao contrário, tem que ser calma e firmemente absorvido, testado e modificado, o que requer um processo constante de aquisição voluntária. Desse modo, a menos que o indivíduo queira genuinamente aprender, ele não conseguirá expandir suas capacidades. Muitos sistemas educacionais ainda se valem do ensino por memorização e procuram transferir conhecimentos à custa de repetição forçada. Parte da informação atirada dessa maneira a alunos ou *trainees* ficará retida; muitos alunos sentirão que aquilo que está sendo oferecido é exatamente do que precisam. Mas para a maioria dos alunos, na maior parte das vezes, tais métodos são irrelevantes e inúteis.

Tal lição não está perdida no mundo comercial. Empresas que se consideram "organizações de aprendizado", baseadas em informação, agora usam menos cursos rotineiros de treinamento e mais aprendizado na prática, ou supervisão, ou grupos de pessoas com níveis diferentes de habilidade trabalhando juntas em um processo constante de interação e aprendizado.

Um processo mais doméstico também lida com o problema de desconexão entre o desenvolvimento tecnológico e os sistemas produtivos. Se o conhecimento doméstico e os sistemas produtivos (organizações e outras entidades domésticas) não fazem uso da tecnologia estrangeira com facilidade, eles estão propensos a rejeitá-la e a continuar fazendo exatamente como faziam antes.

Em vez de começar com um pedido de catálogo de partes separadas, que depois são encaixadas de maneira forçosa em espa-

Cooperação e desenvolvimento humano

ços aparentemente semelhantes, o desafio deve ser o de entender completamente a situação local e partir desse ponto – passo a passo. A maior implicação de tal proposta é que ela atribui um alto valor ao conhecimento local no lugar do internacional.

Da parceria à apropriação e mais além

Essas duas preocupações básicas – a necessidade de analisar o desenvolvimento como transformação e de reconhecer a assimetria da relação entre doadores e recebedores – têm profundas implicações para a cooperação técnica e, até certo ponto, ambas já estão sendo reavaliadas. Como sempre, a primeira coisa a ser mudada é o jargão. Há poucos anos, tentativas de equalizar a relação entre doadores e recebedores resultaram na promoção do termo "parceria", casada com esforços para atingir a participação e o empoderamento locais. Agora os clarins clamam por "apropriação".

Apropriação também tem a ver com autoconfiança, sem a qual não pode haver liderança, comprometimento e autodeterminação. Uma parte indispensável da apropriação, o empoderamento no contexto do desenvolvimento, diz respeito à expansão das capacidades dos recebedores, envolvendo o aumento de possibilidades e liberdades, e como tal não é apenas um meio, mas também um fim em si mesma. O problema de iniciar e estimular a apropriação local no contexto da assimetria das relações de poder, conforme discutido acima, requer a consideração de três questões essenciais: O que são exatamente abordagens nacionais e domésticas? Qual é o papel da "indústria" do desenvolvimento? Qual é o prazo necessário para as intervenções de desenvolvimento? (Ver capítulo 3.)

Como resultado de imperativos políticos, financeiros e de planejamento, há uma urgência em atingir resultados rapidamente. A transformação, porém, é um processo lento e contínuo, e as abordagens de assistência para o desenvolvimento devem ajustar-se para refletir essa tendência, permitindo um prazo longo. Além disso, a apropriação local necessita de estrutura clara de responsabilização (*accountability*) e de processos imiscuídos no sistema local de valores. A fim de aumentar o acesso ao apoio externo e ao mesmo tempo preservar a apropriação local, agentes nacionais precisam não apenas participar ativamente, mas também ter controle total sobre a idéia inicial, a execução do projeto e a sua integração nos processos nacionais (Ribeiro, 2002).

O papel do Estado nesse contexto necessita de considerações mais extensas. Uma vez que o Estado não é mais o único interlocutor nas iniciativas de desenvolvimento, a falta de reconhecimento do seu papel produz tensão, confusão e uma crise de liderança. A menos que os governos dos países em desenvolvimento "se apropriem" completamente dos programas de cooperação técnica, já tendo concordado com seus objetivos e definido seu conteúdo, eles nunca terão o comprometimento necessário para fazer tais programas funcionarem. Há evidência para sustentar esta afirmativa. Resultados de pesquisas e avaliações revelam que os programas que investem um senso de apropriação aos beneficiários e interessados têm um desempenho claramente melhor do que aqueles que não o fazem (UNDP, 2001a; World Bank, 1998a).

Entre os programas de cooperação técnica mais bem-sucedidos nos últimos anos, estão os dos vários países ex-comunistas do Leste europeu. Mas em muitos aspectos, aquelas eram circunstâncias especiais, não diferentes das do Plano Marshall, cinqüenta anos atrás. Ali, muito do capital social, incluindo uma população altamente alfabetizada e um setor público muito desenvolvido, já estava lá. Assim, embora o fluxo de assistência fosse unilateral, e até certo ponto guiado pelos doadores e condicionado à reforma de procedimentos e à promoção de economias de mercado, as políticas e os interesses dos doadores e dos governos recebedores já estavam razoavelmente bem alinhados.

Cooperação e desenvolvimento humano

A situação dos países mais pobres é muito diferente; há uma distância muito maior entre doadores e recebedores, o que cria uma situação de impasse. Os países menos desenvolvidos requerem cooperação técnica precisamente porque sua infra-estrutura social e institucional é frágil. Mas essa debilidade também inibe sua habilidade e confiança de tomar as rédeas, escolher a direção a seguir e adquirir e absorver os recursos adequados que serão necessários na jornada.

Ainda pior, a cooperação técnica mina a capacidade local. Primeiro, há custos de oportunidade. Até a assistência externa "gratuita" requer recursos locais, demandando orçamento, mecanismos e também tempo do parceiro local, de modo que satisfaça as necessidades do doador. Segundo, a cooperação técnica abre canais através dos quais a capacidade local existente pode se esvair, na medida em que os melhores representantes locais ficam tentados a trabalhar em outros projetos dos doadores ou em ONGs – deixando seus colegas locais desmoralizados, explorados e suscetíveis à corrupção.

Tratando da assimetria

A questão da assimetria é inevitável. Os doadores sempre irão controlar, até a última instância, os financiamentos e como eles serão desembolsados. O último recurso dos recebedores é a opção da retirada – simplesmente rejeitar qualquer assistência que não os satisfaça. Entretanto, é possível nivelar o cenário internacional, ou pelo menos reduzir as diferenças. O primeiro passo, porém, é reconhecer que isto é uma questão fundamental – não apenas que o controle dos doadores e a falta de autonomia local são defeitos ou freios lamentáveis em atividades que seriam de outra forma válidas, mas que, para alguns países, eles podem até mesmo causar regredição na busca por desenvolvimento.

A forma exata como essa assimetria pode ser tratada dependerá das circunstâncias locais. Muitos países conseguiram buscar estratégias autônomas de desenvolvimento, fazendo pouco ou muito pouco uso de fundos de assistência e agindo à sua própria maneira – Brasil, Botswana, Cabo Verde, China, Costa Rica, Malásia, Ilhas Maurício e Cingapura, por exemplo. Países da Europa central e do Leste europeu também foram bastante bem-sucedidos na utilização de fundos de cooperação técnica. Mas e os países mais pobres e politicamente frágeis, que agora se encontram em uma posição de dependência? De maneira alarmante, os países com a menor capacidade são os que têm recebido os menores fluxos de cooperação técnica – um quarto a menos desde 1994 (ver Quadro 4).

Quadro 4 – Cooperação técnica por região em porcentagem da AOD (1993-2001)

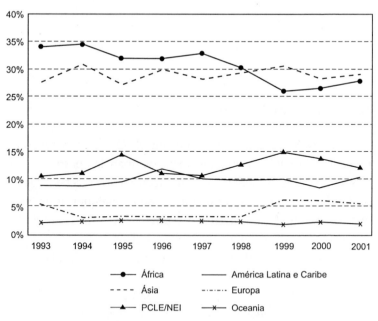

PCLE/NEI: Países do Centro e Leste europeu (Bulgária, República Tcheca, Hungria, Pôlonia, Romênia, Eslovênia, Eslováquia) e novos Estados Independentes (Belarus, Federação Russa, Casaquistão e Ucrânia).
Fonte: OECD, 2003.

Cooperação e desenvolvimento humano

Uma das tentativas mais deliberadas de tratar essa questão foi um esforço pioneiro na Tanzânia (Helleiner, 2002). Em 1997, o governo da Tanzânia, seguindo uma iniciativa anterior dos países nórdicos, concordou com os doadores sobre uma mudança radical nas regras e papéis entre os parceiros no desenvolvimento, que incluía o que depois se tornaram 18 passos específicos por meio dos quais o progresso na relação de assistência pudesse ser monitorado por um avaliador independente. Enquanto o relatório de 1999 do avaliador notou progresso considerável tanto do lado dos doadores quanto dos recebedores em muitos aspectos da cooperação para o desenvolvimento, o menor progresso estava na cooperação técnica, que continuava a servir aos interesses dos doadores e que o governo local considerou um desperdício.

Outra maneira de ajudar a nivelar o cenário internacional é dar voz aos países recebedores nos debates sobre a política de assistência. Em nível internacional, os doadores já têm o OECD/CAD. Não há um fórum desse tipo para que os países em desenvolvimento possam trocar experiências, encontrar posicionamentos comuns e desenvolver diretrizes de assistência com a perspectiva do hemisfério sul. Os fóruns do hemisfério sul sobre cooperação para o desenvolvimento talvez sejam uma plataforma importante para equilibrar a relação entre doadores e recebedores. Um bom ponto de partida para tal cooperação podem ser os mecanismos regionais ou sub-regionais já existentes.

Canais inovadores de financiamento

A solução mais direta para o problema da assimetria da cooperação técnica seria os doadores simplesmente apoiarem os orçamentos nacionais dos recebedores. Isso significaria uma integração do apoio externo com os processos de planejamento e sistemas de responsabilização nacionais. Também permitiria aos governos exercitar a apropriação sobre esses fundos e determinar quais insumos, orientações, treinamentos, etc. são adequados às necessidades nacionais de desenvolvimento de capacidades. Contribuiria para alinhar as motivações e permitiria uma melhora nas condições gerais do serviço público. Pode-se, portanto, afirmar que o financiamento deveria ser a primeira proposição – a regra em relação à qual as exceções seriam negociadas.

Uma versão mais objetiva seria permitir que os doadores mantivessem um grau de controle, canalizando recursos por meio de fundos específicos de cooperação técnica com um claro propósito geral. Contanto que os recebedores usassem os fundos para atingir objetivos gerais consoantes, eles poderiam utilizá-los da maneira como achassem melhor. Como uma extensão disso, um grupo de doadores poderia se reunir e angariar fundos que seriam usados de maneira similar. Parte da experiência na Tanzânia, por exemplo, se baseou na contribuição dos doadores de "cestas" de financiamento. Há variações desse tipo de mecanismo, como estabelecer fundos de desenvolvimento autônomos – instituições públicas politicamente independentes que podem atender tanto o governo quanto a sociedade civil. Uma janela de cooperação técnica acessível à sociedade civil pode, de qualquer maneira, ser um complemento útil a transferências orçamentárias puras.

O mecanismo exato pode ser escolhido segundo as circunstâncias locais, mas o princípio central é o de modificar o elo entre doadores e programas, de modo que atinja uma apropriação nacional verdadeira. Mais importante, talvez, seria angariar recursos, de preferência como transferências orçamentárias, o que simplificaria dramaticamente a relação de assistência e resolveria muitas outras questões, até mesmo os obstáculos criados pelo capital investido.

Se os parceiros no desenvolvimento forem preparados para explorar outros mecanismos de financiamento, muitos dos pro-

Cooperação e desenvolvimento humano

blemas de apropriação diminuirão, e os governos recebedores terão estímulos muito maiores para dar valor ao investimento. Alguns doadores de fato se moveram nessa direção. Os Países Baixos reduziram bastante o uso a longo prazo de especialistas estrangeiros. E Noruega e Suécia baniram a cooperação técnica por completo para se concentrarem no desenvolvimento de capacidades locais. O Reino Unido está explorando ativamente as implicações do apoio orçamentário.

O desafio da responsabilização

Sem sistemas fortes de responsabilização, o apoio a fundos arrecadados não seria possível. Que sanções podem ser usadas para garantir a responsabilização? As duas respostas comuns são a condicionalidade e a seletividade. Quanto mais frágeis são os sistemas de responsabilização, mais os doadores ficam tentados a submeter os desembolsos a condições prioritárias, e a enrijecer os pré-requisitos e os mecanismos de controle, que são difíceis de obedecer exatamente por causa de instituições frágeis. A conseqüência lógica é que os doadores se afastam de países onde as condições são consideradas insuficientes. Ambas as partes, de fato, agravam a situação para as pessoas mais pobres.

A responsabilização precisa ser vista em um contexto mais amplo. Os doadores devem satisfação aos eleitores do seu país, e eles, por sua vez, definem certos critérios de desempenho para os governos recebedores. O que falta nessa perspectiva é a responsabilização – de desempenho, de impacto e de finanças – para com os beneficiários, as pessoas dos países em desenvolvimento.

A sociedade civil, na forma de ONGs e da mídia, tem-se colocado mais próxima para monitorar o que está acontecendo. Por que o serviço de saúde contrata um consultor ocidental em tecnologia de informação oneroso, quando conhecimento especializado semelhante está disponível, no local ou em outro país em desenvolvimento na região, por uma fração do preço? Desperdiçar os recursos de outra pessoa é uma coisa; desperdiçar os próprios é outra. Esse tipo de transformação também constitui, obviamente, um enorme avanço para os doadores, que podem demonstrar de forma muito mais convincente aos seus eleitores que os fundos estão sendo usados de maneira ponderada.

Como uma maneira de fortalecer a responsabilização local, os países recebedores podem estabelecer um fórum nacional para todos os interessados – até mesmo para o governo, a sociedade civil, o setor privado, a indústria do desenvolvimento e os doadores –, a fim de definir prioridades e monitorar o progresso de uma forma transparente. Tal fórum talvez ajude a diminuir a falta de liderança e a levar as reformas adiante, particularmente em países onde as estruturas governamentais são frágeis.

Desenvolvimento de capacidades na era das redes

Independentemente de os doadores ou recebedores estarem prontos para dar tais passos, as antigas formas lineares de cooperação técnica serão, de uma maneira ou de outra, surpreendidas pelos acontecimentos. A globalização – e as reações contrárias a ela – está criando novos e múltiplos elos, redes e alianças que mudam a topografia do conhecimento. Nesse ambiente globalizado, a idéia de ser impulsionado ao longo de um caminho linear de desenvolvimento, por um conhecimento que emana de um único país distante, se tornará cada vez mais antiquada e irrelevante. Novas formas institucionais de apoio global ao desenvolvimento de capacidades estão se tornando possíveis. Isso irá contornar as restrições da assimetria e da transferência de conhecimento.

Cooperação e desenvolvimento humano

A nova tecnologia está criando uma miríade de ferramentas alternativas para o desenvolvimento de capacidades. A tecnologia de informação e de agricultura, por exemplo, que antes ficava alojada nas mentes de especialistas de outros países, em manuais estrangeiros caros ou em livros, agora pode ser acessada onde estiver, por meio de uma conexão da internet e do clique de um *mouse*. Tecnologias de informação e de comunicação podem também criar redes e comunidades de prática. Hoje é possível que pessoas em instituições governamentais e não-governamentais no mundo todo se relacionem umas com as outras de maneira horizontal e direta, sem passar por canais formais. Muitas ONGs já descobriram o potencial para a troca de informação internacional e para planejar atividades e campanhas em conjunto. Governos e outras instituições estão neste momento em uma posição melhor para localizar especialistas de forma independente e avaliar seu trabalho, exatamente como o setor privado faz quando traz as melhores habilidades de onde elas estiverem no mundo.

Essas mudanças tecnológicas também estão acontecendo num momento em que o desenvolvimento de especialistas se tornou mais largamente disperso. No início do século XXI, o conhecimento mais relevante e útil sobre como atingir um desenvolvimento humano rápido reside nos países que têm os registros mais recentes de sucesso. A noção de que as idéias desenvolvimentistas de valor são apenas aquelas que derivam do hemisfério norte parece cada vez menos plausível.

Pode-se argumentar que as circunstâncias em Bangladesh, na China, na Costa Rica ou em Mali são únicas e distintas, e que a experiência em um país não necessariamente se transfere para outro. Mas, uma vez que se aceita que há muito pouco conhecimento genérico sobre desenvolvimento – visto que todo conhecimento tem de ser reunido e depois analisado, modificado, desmembrado e recombinado para servir a necessidades locais –, a fonte é imaterial. O novo lema é: "Procurar globalmente, reinventar localmente".

Carlos Lopes

Essa filosofia pode transformar redes em uma poderosa ferramenta de desenvolvimento de capacidades. Uma extraordinária transformação sociológica na última década foi o crescimento das redes – formais e informais, em quase todas as áreas da vida. Redes de informação estão se proliferando, como corporações, governos, instituições de pesquisa, ONGs e milhões de indivíduos que colaboram para trocar idéias, informações e conhecimentos. Elas podem partilhar informações em nível nacional, como, por exemplo, a Rede de Saúde da África do Sul (*South África Health Network*), o que permite a profissionais de saúde dividir experiências sobre tópicos que vão desde a malária até a medicina tradicional. Ou elas podem trocar informações em nível regional; por exemplo, as Redes Eletrônicas da Ásia Rural do Pacífico (*Electronic Networking for Rural Asia Pacific*), apoiadas pelo Centro Internacional de Pesquisa para o Desenvolvimento (*International Development Research Centre* – IDRC) e pelo Fundo Internacional para o Desenvolvimento da Agricultura (*International Fund for Agricultural Develoment* – IFAD). Ou elas podem, ainda, trocar informações em nível internacional, como a rede global para ONGs *One World*. Essas redes e muitas outras oferecem uma surpreendente alternativa ao velho modelo de fluxos de informação unilaterais do hemisfério norte para o sul. Agora, os fluxos podem ser em todas as direções – dentro e entre países dos hemisférios sul e norte.

A prática em rede do desenvolvimento de capacidades pode, de fato, ser orientada pela demanda. Por exemplo, o Projeto Orçamentário Internacional (*International Budget Project*), apoiado pela Fundação Ford, é uma rede de ONGs, pelo mundo todo, envolvida em auditorias sociais de orçamentos. O projeto desenvolve a capacidade de membros da rede por meio de um fórum para a troca de informação e idéias, ferramentas e metodologias, treinamento e apoio moral. O sucesso de um projeto como esse depende de demanda efetiva e, portanto, não pode ser orientado simplesmente pela oferta.

Cooperação e desenvolvimento humano

O PNUD e o Banco Mundial estão promovendo de forma ativa o desenvolvimento de redes, começando com suas próprias organizações. Mas como algumas dessas experiências mostram, as redes podem também ter os mesmos problemas vividos em agendas orientadas pelos doadores, particularmente a armadilha da assimetria. Se elas são hierarquicamente organizadas e fortemente controladas, podem ser restritas por uma agenda orientada pelos fornecedores. Para evitar isso, as redes têm de ser gerenciadas para ser verdadeiramente abertas, participativas e orientadas pela demanda. Quando elas o são, abrem novas e excitantes possibilidades para investir as pessoas de poder, a fim de procurar globalmente e reinventar localmente.

Ao mesmo tempo, entretanto, que existem há maiores recompensas na exploração dessas oportunidades em um ambiente de mercado baseado em conhecimento, há também maiores penalidades em se ficar para trás. À medida que o conhecimento se torna a fundação para uma atividade econômica cada vez maior, ele também se torna a base de uma vantagem competitiva. A emergência rápida da Índia como líder mundial em tecnologia de informação e comunicação é apenas um exemplo. O sucesso do Brasil ao se valer dos conhecimentos locais e internacionais para sua indústria farmacêutica, é outro. No entanto, diversos países e indústrias ainda não foram capazes de desenvolver suas capacidades dessa maneira, e arriscam ser marginalizados da economia global.

Resolvendo velhos problemas

Se for para a cooperação técnica funcionar no desenvolvimento de capacidades, apenas inovações institucionais – novos modelos – mais apropriadas ao ambiente social e econômico de hoje irão superar as restrições já conhecidas. Isto significa:

- começar com o lema "procurar globalmente, reinventar localmente";

- testar métodos originais – como, por exemplo, redes que fazem melhor uso de novos tipos de aprendizado; e
- experimentar inovações que lidem com a assimetria das relações entre os doadores e os recebedores, como, por exemplo, angariar fundos de cooperação técnica e desenvolver fóruns para discussão entre as nações do hemisfério sul.

Talvez o maior obstáculo para o desenvolvimento de tais inovações esteja na própria mente humana, aprisionada a velhas suposições e abordagens. As inovações institucionais têm que se basear em novas premissas sobre a natureza do desenvolvimento, a cooperação efetiva para o desenvolvimento, a relação de assistência, o desenvolvimento de capacidades e o conhecimento. Essas premissas precisam ser inovadoras para possibilitar a construção de um novo paradigma. Os elementos essenciais estão listados na tabela seguinte.

O desenvolvimento de capacidades é um dos atuais desafios centrais para o desenvolvimento, já que muito do progresso social e econômico depende dele. Para começar, ele é impreterível para a sobrevivência econômica no ambiente atual de mercados, baseado em conhecimento. Mas se o propósito do desenvolvimento humano é estender as capacidades humanas, então o desenvolvimento de capacidades não é meramente um trampolim para alcançar níveis mais altos de desenvolvimento humano; é um fim por si só. Para indivíduos, para instituições e para sociedades, isto requer um processo contínuo de aprender e reaprender – com cada pessoa e com o mundo a sua volta.

Se for para todos os interessados obterem um progresso fundamental, eles precisam experimentar novas abordagens e aproveitar as oportunidades originais que aparecem na era das redes. De maneira conjunta, por meio desse novo paradigma, necessitam elaborar inovações institucionais para dar apoio ao desenvolvimento de capacidades.

Cooperação e desenvolvimento humano

Quadro 5 – Um novo paradigma para o desenvolvimento de capacidades

	Paradigma atual	Novo paradigma
Natureza do desenvolvimento	Melhoria das condições econômicas e sociais	Transformação social, até mesmo se valendo das "capacidades certas"
Condições para uma cooperação efetiva para o desenvolvimento	Boas políticas que são prescritas externamente	Boas políticas que têm de ser domésticas
Relação assimétrica entre doadores e recebedores	Deve ser combatida de forma geral, por meio de um espírito de parceria e de respeito mútuo	Deve ser tratada especificamente como um problema, ao se tomarem medidas compensatórias
Desenvolvimento de capacidades	Desenvolvimento de recursos humanos, combinados com instituições mais fortes	Três camadas de capacidade interligadas: individual, institucional e social
Aquisição de conhecimento	O conhecimento pode ser transferido	O conhecimento tem de ser adquirido
Formas mais importantes de conhecimento	O conhecimento desenvolvido no hemisfério norte é exportado para o sul	O conhecimento local é combinado com o conhecimento adquirido de outros países – no hemisfério sul ou norte

3
Velhos dilemas

O modelo de acumulação que construímos para a reprodução das nossas sociedades, que se baseia na crescente aquisição e no crescimento, encerra uma contradição. É um modelo capaz de produzir enorme polarização e perda de oportunidades, particularmente para aqueles que estão na base da pirâmide. Portanto, não surpreende que agora, mais do que nunca, a equação do desenvolvimento esteja fortemente associada com a luta pela redução e eventual eliminação da pobreza. É um momento de sobriedade e não de triunfo prematuro. Estamos em uma encruzilhada, com a possibilidade de reformar nossos sistemas e criar respostas melhores aos desafios futuros.

Amartya Sen identifica a expansão da liberdade com a fundação dessa transformação. Ele afirma que "o desenvolvimento consiste na eliminação de privações de liberdade que limitam as escolhas e as oportunidades das pessoas de exercer ponderadamente sua condição de agente" (Sen, 2000). A luta para ajudar a remover essas barreiras torna-se central ao desenvolvimento humano. Mas para tornar efetiva a busca de uma causa como essa, é necessário questionar os sistemas, processos e instrumentos que guiam a prática do desenvolvimento. Nenhuma outra área pode se beneficiar mais de tal movimento do que a cooperação técnica e o desenvolvimento de capacidades.

A busca pela felicidade

Em um mundo cada vez mais globalizado, uma crença comum é a de que novas possibilidades, como a mudança no estilo de vida e a expansão de horizontes, levarão à felicidade. O lado reverso de tais oportunidades pode ser a perda de normas sociais, sistemas de valor e regras, e a mudança de expectativas. Quanto mais a humanidade enfrenta esse paradoxo, mais nos damos conta de que a felicidade é relativa e mutável.

Laços sociais e redes moldam muitos dos nossos valores e expectativas. Muitas das nossas medidas de sucesso só fazem sentido se nos compararmos a outras pessoas. Por exemplo, todos queremos nos aprimorar, e consideramos que o conseguimos quando nossos filhos vivem em condições comparativamente melhores do que as nossas. Da mesma forma, estar bem de vida, para muitos, só faz sentido quando se comparam à situação de outros no mesmo grupo social – mesmo depois de ter realizado grandes ambições pessoais.

As ligações sociais também contribuem para nossa sensação de realização. Sabemos que uma vida segura e feliz não pode ser obtida sem várias correntes de solidariedade, e raramente é possível atingir grandes progressos sem assistência. Também o reconhecimento por parte dos outros pode ter um papel crucial na sensação de auto-realização e satisfação. Como humanos, estamos, portanto, intimamente ligados uns aos outros – mesmo quando estamos nas sociedades mais individualistas – e nossas ambições e sucessos são medidos em relação a outras pessoas.

Cooperação e desenvolvimento humano

Mas há um pensamento comum que permeia a análise mais sensível: até mesmo quando diferenças relativas são levadas em consideração, há uma distância absoluta entre ter e não ter, entre ricos e pobres, entre sociedades seguras e inseguras. A assistência para o desenvolvimento deveria tratar essa distância, particularmente em relação a habilidades e capital. A suposição é a de que, por um período de tempo, haveria a necessidade de insumos externos, e então tonar-se-ia possível para os países tomar conta de si mesmos. A assistência para o desenvolvimento seria então vista exatamente como criar filhos – aos países pobres oferecer-se-iam habilidades e estruturas de apoio até que eles pudessem começar sua vida independente.

Essa análise simples e direta é de fato bem problemática. Em primeiro lugar, ela se baseia na idéia artificial de que o "desenvolvimento" pode ser atingido por todos, como se fosse um processo linear. No entanto, o sistema global moderno requer acesso desigual aos recursos para poder funcionar. Sob o atual construto econômico, o desenvolvimento não pode ser atingido por todos – na realidade, a falta de desenvolvimento de uns é benéfica para outros. Em segundo lugar, como todos sabemos bem, a tendência de querer escolher para nossos "filhos" o que é melhor pode ser facilmente traduzida em uma relação paternalista entre doadores e recebedores. Em terceiro lugar, ninguém imaginou que a sustentabilidade seria tão difícil de atingir.

Isso posto, não surpreende a forte oposição aos benefícios do desenvolvimento em geral, e à cooperação técnica em particular. No panfleto provocativo *Lords of Poverty* (Os Senhores da Pobreza), Hancock argumenta em favor do fim da traição da confiança pública que a magnitude e a generosidade das nações mais ricas do mundo criaram através da assistência para o desenvolvimento. Ele acredita que uma "aristocracia da compaixão" girou uma cortina de fumaça que não deixa a cultura de responsabilização prevalecer (Hancock, 1989).

O fato de a maioria dos dados de Hancock ser inexatos, boatos ou histórias pessoais é irrelevante. Muitos compartilham de suas idéias. Na verdade, suas conclusões são surpreendentemente semelhantes às de um grande número de acadêmicos africanos (Kankwenda, 2000) – que cristalizam o pensamento dos recebedores mais afetados. Ainda que por razões quase opostas às de Hancock, eles também acreditam que haja efeitos prejudiciais na assistência para o desenvolvimento: cria dependência em vez de sustentabilidade; nunca gera desenvolvimento real; tem efeitos penetrantes no desenvolvimento de capacidades e contribui para a destruição do capital social.

Uma análise mais sofisticada dessas questões enfatiza o fato de que os modelos econômicos que servem de base para as intervenções de assistência para o desenvolvimento exigem que qualquer excedente possível seja usado como pagamento de dividendos, no lugar de ser reinvestido no desenvolvimento.

É útil lembrar o contexto do pós-guerra, envolto por teorias de desenvolvimento com base no crescimento (Rodenstein-Rodon, Harrod-Domar e outros), finalmente levando ao altamente influente Rostow. As décadas de 1950 e 1960 foram dominadas por um pensamento bastante simplista de que todo desenvolvimento seguia mais ou menos o mesmo padrão. Os menos desenvolvidos simplesmente estavam em um "estágio Rostow" inferior (Browne, 1999, p.19-20).

Desde a gênese do desenvolvimento moderno, a ligação entre o desenvolvimento e a cooperação técnica foi estabelecida pela Proposta Quatro do Presidente Truman (ver Anexo 1, p.193). O destino de ambos estava para sempre ligado a um entendimento específico do propósito da sua existência: preencher um vazio. Nas palavras do presidente Truman, o objetivo da Proposta Quatro era usar os avanços da ciência e do progresso industrial para satisfazer as necessidades de crescimento das nações pobres, porque sua pobreza era um obstáculo. Dessa

Cooperação e desenvolvimento humano

maneira, a "família humana poderia viver uma vida decente e satisfatória" que permitisse "liberdade e felicidade pessoal".

Cinco décadas depois, Hancock diria o seguinte:

> Ainda que seja conveniente acreditar que a decisão de lançar programas de assistência em larga escala fora o produto de um pensamento claro e uniforme por parte das nações industrializadas durante o pós-guerra, a verdade é outra. Desde o início, um número de motivos bem diferentes estava em jogo – e agindo lado a lado. O resultado, hoje, é que a psicologia coletiva de doação de ajuda é esquizofrênica, repleta de urgências e racionalizações contraditórias, algumas benignas, algumas sinistras e outras simplesmente neuróticas. (Hancock, 1999)

O mesmo se aplica à busca da felicidade.

Esclarecendo significados

Parte da confusão conceitual sobre a cooperação técnica e o desenvolvimento de capacidades é resultado da falta de clareza que acompanha muitos debates sobre o desenvolvimento. Esses debates rotineiramente envolvem conceitos que parecem conhecidos o suficiente para ser usados em discussões sem nunca terem definição. Essa recusa usual – ou até inabilidade – de determinar com clareza o que muitos conceitos significam aumenta a nebulosidade geral do debate, e contribui para a natureza confusa de muitas intervenções de desenvolvimento. Por exemplo, embora vista por muitos como crucial à economia política global, a "economia do desenvolvimento" ainda é uma disciplina marginalizada. Além do mais, as dimensões não-econômicas do desenvolvimento recebem ainda menos atenção. Isto se deve em parte à equivocada ligação histórica entre o desenvolvimento e a descolonização, por um lado, e ao enfoque em questões de interesse particular dos países desenvolvidos – como o reembolso de débitos, a liberalização do comércio, a sustentabilidade ambiental –, por outro. Estas duas idéias preconcebidas dão a impressão a muitos de que o desenvolvimento tem a ver com os países que ainda não o conseguiram, quando na realidade diz respeito a todos nós.

François Partant (1982) proclamou nos anos 1980 não o fim da história,[1] mas o fim do desenvolvimento. Ele partia do pressuposto de que o mundo ocidental estava rapidamente se aproximando de um novo entendimento da sua evolução. Essa visão particular é uma abordagem econômica em relação à evolução – ela busca fazer uso otimizado dos recursos disponíveis sem restrições ou preocupações com o futuro.

Sendo naturalmente antropocêntrico, tal entendimento coloca o ser humano no topo de uma distribuição hierárquica de papéis. O meio ambiente, por exemplo, é usado para o bem-estar da humanidade. A regeneração ambiental, portanto, se torna refém da produtividade econômica.

Essa abordagem linear pressupõe que todas as sociedades aspiram a fazer o melhor uso dos recursos (o que é econômico); portanto, todas as sociedades almejam a ser tão capazes quanto as mais avançadas. Todas as sociedades devem evoluir para alcançar o mesmo cume e se mover em uma direção usando uma rota histórica comum. Esta visão também enfatiza que os indivíduos são diferentes, e que é normal ter desigualdades e capacidades diferentes. Tais diferenças são usadas para explicar os estágios diferentes de desenvolvimento nos quais os países se encontram. Se retrocedermos um pouco, para o período colonial, veremos os mesmos argumentos apresentados em uma versão um pouco mais rudimentar. Partant acreditava que as contradições dessa visão – incluindo sua insustentabilidade – se tornaram tão evidente nos anos 1980 que o "desenvolvimento", como concebido na época, estava "morto".

---

1 Referindo-se ao famoso livro de Francis Fukuyama.

Cooperação e desenvolvimento humano

Como sabemos, metáforas nem sempre resolvem o problema, e, vinte anos depois, continuamos a debater os significados que criaram opiniões tão diversas.

Nos anos 1990, os Relatórios do Desenvolvimento Humano (RDHs) do PNUD representaram uma mudança bem-vinda quando enfatizaram as capacidades humanas e a expansão de possibilidades como um esclarecimento melhor do paradigma do desenvolvimento. A partir de um fim inquestionável, o desenvolvimento está agora no centro de apurado escrutínio. A assistência para o desenvolvimento também está. Do racionalismo cru da Guerra Fria, de "não fazer perguntas", estamos nos direcionando a um enfoque em efetividade e resultados. E crucial para o debate é a questão da linearidade do desenvolvimento e de quanto espaço deve ser dado aos atores de uma sociedade particular para exercer suas escolhas em total liberdade. Com base em uma origem técnica, adicionamos uma dimensão política ao desenvolvimento.[2]

Desenvolvimento de capacidades e responsabilização

Em um livro recente, William Easterly (2001) examina modelos econômicos diferentes que não levaram ao crescimento quandos suas teorias foram aplicadas nos países em desenvolvimento. O autor critica as visões estabelecidas sobre mudanças tecnológicas, explosão educacional e controle populacional como catalisadores de crescimento. Apesar de alguns casos de sucesso, o ajuste estrutural, juntamente com o perdão de dívidas, não foi bem-sucedido, ele afirma. Ele acredita que essas panacéias para o crescimento falidas durante as últimas cinco dé-

---

2 Isso já foi discutido no Relatório da Fundação Hammarskjold, *O Quê, Agora?* (*What Now?*) (1975).

Carlos Lopes

cadas não tinham entendimento suficiente da real aplicação e praticidade nos países em desenvolvimento, e não ofereceram as motivações certas para os envolvidos.

Easterly argumenta que esses modelos e projetos anteriores não funcionaram porque "as fórmulas não prestaram atenção ao princípio básico da economia: as pessoas respondem a estímulos". Ele explica que, se os estímulos forem certos, o crescimento acontece. Ao examinar tais estímulos, ele não defende completamente um sistema de livre mercado, mas enfatiza a importância de intervenções governamentais que não desencorajem elementos de livre mercado e também criem vários estímulos para os mercados. Argumenta também que, principalmente em países pobres, as intervenções que oferecem conhecimento, habilidades, educação e tecnologia são cruciais para o crescimento em longo prazo, afirmando que esses elementos de crescimento, de outra maneira não-regulamentados, tendem a se concentrar onde eles já existem, portanto tornando os ricos mais ricos e os pobres mais pobres. Por fim, alerta para o fato de que a corrupção governamental "mata" o crescimento ao destruir a motivação.

Se há pouca concordância sobre a economia do desenvolvimento, há menos ainda em relação ao desenvolvimento de capacidades, ou a capacidade para o desenvolvimento. Ele está associado à capacidade individual, ao desenvolvimento organizacional, à capacidade gerencial e à construção institucional. As próximas páginas dão enfoque a alguns aspectos essenciais pertinentes à relação entre apropriação e capacidade.

Os especialistas em desenvolvimento hoje em dia lembram consultores gerenciais na medida em que tendem a examinar as questões de capacidade com as lentes de teorias de administração. O vocabulário econômico foi substituído por uma pretensão de terminologia gerencial neutra, com referências diretas à eficiência crescente, à efetividade, à criatividade empresarial, à satisfação do cliente e à gestão baseada em resultados.

Cooperação e desenvolvimento humano

Essa mudança pede uma nova visão de necessidades de capacitação. Mas em vez de reformar a sua maneira de trabalhar ou de redefinir os conteúdos dos seus programas, a maioria das instituições que lidam com o desenvolvimento de capacidades optou por um atalho: melhor roupagem para instrumentos já existentes para fazê-los mais apropriados a uma abordagem participativa. Os consultores gerenciais propõem estruturas descentralizadas – que reflitam a política global e os desenvolvimentos econômicos – com maior acesso à informação. A suposição é a de que essas novas estruturas precisam de um envolvimento mais vigoroso dos beneficiários na elaboração e implementação de programas.

> Um reconhecimento de que há mais em relação ao desenvolvimento do que apenas produtividade econômica leva a dar atenção aos processos assim como aos produtos – à construção de capacidade institucional e diálogo mais efetivo entre doadores e recebedores, através da elaboração de metodologias como análise e avaliação participativa. (Marsden, 1994)

Como há dificuldade em estabelecer uma correlação entre fluxos de ajuda e crescimento econômico, há uma sensação crescente de que maior enfoque na efetividade da assistência é preferível aos fluxos financeiros crescentes. Essa visão não apenas oferece justificativa para o drástico declínio de fluxos de assistência, mas também procura racionalizar as tentativas de fazer mais com menos. Nesse contexto, há uma orientação para estabelecer objetivos como ferramentas de extração de valor.

Os objetivos em si estão cheios de significados. A orientação cega para atingi-los – ignorante do pensamento por trás deles e indiscriminada em relação aos métodos usados para alcançá-los – cria motivos perversos e prioridades distorcidas que, muitas vezes, levam a resultados contrários. Por exemplo, no Reino Unido, o objetivo de reduzir o tempo de espera nos hospitais levou à paradoxal mudança de prioridades, atendendo doenças menores antes de doenças mais sérias, porque aquelas podem ser tratadas mais rapidamente.[3]

Há uma nova ênfase na apropriação nacional e nos processos domésticos também. As propostas em "Repensando a Cooperação Técnica" (Berg, 1993) introduziram um *"menu"* sistêmico para lidar com a capacidade a partir dessa perspectiva. Mas o desafio conceitual continua quase intacto: O que se quer dizer com estímulos se tornarem nacionais e promoverem práticas domésticas?

A aplicação desses conceitos foi, de fato, pouquíssimo ambiciosa. As concessões dos doadores se limitaram ao fato de que práticas nacionais e domésticas não questionam os parâmetros que definem visões estabelecidas do que o desenvolvimento deve fazer e conseguir. Esses elementos são geralmente definidos por pessoas diferentes dos recebedores das iniciativas de desenvolvimento de capacidades.

Não fica claro o quanto a apropriação crescente – através de práticas nacionais e domésticas que são definidas por novas visões estabelecidas – trata a questão da capacidade, o novo possível papel da cooperação técnica e, mais diretamente, os fundamentos da teoria sobre as distâncias. Em outras palavras, há necessidade de destrinchar o conceito de apropriação, da retórica para a realidade.

Investir poder sem poder?

O empoderamento é a parte central de qualquer manual participativo. A literatura sobre empoderamento remete aos métodos de alfabetização de Paulo Freire e à experiência dos sistemas de avaliação rural. Ela é centrada no ser humano e advoga tenazmente o diálogo como uma precondição para o

---

3 "Entendendo mal" (*"Missing the Point"*), *The Economist*, 28 abr. 2001.

Cooperação e desenvolvimento humano

aprendizado. Partindo de um início modesto, essa prática já evoluiu muito. Ela é usada agora como um mantra para demonstrar um coquetel de iniciativas populares, baseadas na comunidade, na sociedade civil e na ação social. Também foi adotada por agências de assistência de doadores no nível mais alto, como o OECD/CAD. Tanto o sistema da ONU quanto o Banco Mundial usam de forma extensa os termos relacionados ao empoderamento, quando não os próprios conceitos. É importante revisar, portanto, embora de maneira breve, as implicações do empoderamento no desenvolvimento de capacidades.

Há uma ligação íntima entre empoderamento e apropriação. Ambos os conceitos estão baseados na necessidade dos recebedores de estar no coração do processo de desenvolvimento. A interpretação de senso comum para ambos, no entanto, é difícil de distinguir. No centro das teorias de empoderamento está a questão dos valores, igualmente presente nas definições de capital social e apropriação. O propósito do empoderamento é a expansão de escolhas e possibilidades, a base do desenvolvimento humano. Empoderamento tem a ver com o aumento de capacidades. "O empoderamento básico depende da expansão das capacidades das pessoas – expansão que envolve um aumento das possibilidades e, portanto, um aumento da liberdade" (UNDP, 1990). A dimensão da capacidade não é apenas válida em si mesma; é também uma parte importante da apropriação. A participação é necessária para o desenvolvimento das capacidades. A participação, da perspectiva do desenvolvimento humano, é tanto um meio quanto um fim (Ver Anexo 2, p.196).

Como o termo revela, empoderamento tem a ver com poder. Talvez por causa disso, sua mensagem tenha sido limitada ou associada aos níveis populares, comunitários e de administração local. Usar o empoderamento em um nível nacional ou macropolítico seria mais polêmico e poderia potencialmente atingir o centro de questões altamente sensíveis relacionadas ao poder.

Podemos analisar o empoderamento por três ângulos: individual, local e comunitário, e no Estado.

O poder individual e o empoderamento é o ângulo mais comum. Ele influencia a capacidade de desenvolvimento e as habilidades de negociação. Entretanto, outra camada de poder aparece, com especialistas nacionais substituindo especialistas internacionais na pirâmide de poder. Muitas vezes, esses agentes intermediários representam visões externas em vez de suas próprias, estão consolidados em instituições financiadas por recursos externos e agem como fiscalizadores do sistema de assistência para o desenvolvimento. Não é difícil imaginar qual opinião prevalece. A relação entre doadores e recebedores hoje em dia não mais se baseia predominantemente no nível de projetos, portanto, o poder individual é exercido de maneira mais sofisticada, através da influência de abordagens conceituais, capacidade de macroanálise e habilidades de negociação.

Empoderamento no nível local e comunitário. O empoderamento tem poderosos detratores também. Larry Summers desafia a ênfase recente dada ao empoderamento no discurso de desenvolvimento. Ele questiona a afirmação de que há qualquer lição valiosa a ser aprendida em termos de empoderamento local e apropriação no sucesso opressor do desenvolvimento dos países do leste da Ásia. Também argumenta que há uma substituição do rigor analítico pelo empoderamento. Ele o vê como um elemento de oposição à metodologia econômica, que compromete o rigor analítico: "Eu me preocupo com o fato de que o direcionamento ao empoderamento, ao invés de uma abordagem econômica, está propiciando uma ênfase reduzida do elemento analítico". Para ilustrar esta afirmação, dá o exemplo da educação. Mais uma vez pressupondo contradições inerentes, ele pergunta o que é mais importante: pesquisa intensiva sobre qual conteúdo programático para leitura é melhor, ou consulta intensiva em vilas sobre a elaboração de currículos para suas escolas? Deixando de lado a premissa da universalidade, ainda não

Cooperação e desenvolvimento humano

está claro por que as duas não podem se complementar (Summers, 2001).

Summer mais adiante pergunta se uma abordagem centrada no cliente significa uma parceria mais próxima com o governo ou alguma relação mais ampla com o país. Ele argumenta que procurar representantes eminentes na sociedade civil em vez de representantes do povo eleitos democraticamente é inadequado.

A realidade do empoderamento local é diferente das visões econômicas. O empoderamento é um ganho obtido por lutas locais e crescente autoconfiança. Não é algo que é dado ao povo. Até com todas as distorções da atual abordagem de "empoderamento e participação", é inegável que ela cria uma responsabilização bilateral no nível da comunidade local, que aumenta a efetividade, a sustentabilidade e o impacto. O empoderamento é, no final das contas, baseado na abordagem da capacidade humana e confirma a visão de desenvolvimento como um construto social.

O empoderamento do Estado mostra que, quanto mais ênfase é dada às intervenções de políticas contrárias, mais o debate sobre abordagens nacionais e domésticas evolui na questão do empoderamento. O papel do Estado é central para tal debate, na medida em que o Estado pode ajudar ou inibir a maneira pela qual a população participa do processo de desenvolvimento.

O princípio de um Estado-nação, promovido pela Revolução Francesa, serviu de base para o modernismo e determinou a direção da teoria de desenvolvimento até os anos 1980. É uma teoria cheia de contradições – não é à toa que a maioria dos países não concorda com a definição de verdadeiros Estados-nação –, mas oferece uma fundação para o conceito de Estado protetor, territorial e distributivo.

Desde o fim da Guerra Fria, o papel do Estado mudou dramaticamente. A segurança e a expansão econômica adquiriram novo significado e requereram um papel diferente do Estado, que estivesse mais sintonizado com a necessidade de planejamento estratégico e competitividade de mercado. Enquanto a maior parte dos países conta com um Estado forte para garantir segurança, serviços e um mercado integrado, o papel interno do Estado mudou. Não é mais possível para este agir como o único agente de desenvolvimento.

O Estado não pode mais ser o único interlocutor para as iniciativas de desenvolvimento, mas a falta de reconhecimento do seu papel cria tensão, confusão e uma crise de liderança. O empoderamento nesse contexto é interpretado de maneiras diferentes por atores diversos: os agentes de Estado dos países em desenvolvimento acreditam que têm o direito de decidir sobre opções e prioridades nacionais; populares investidos de poder e atividades da sociedade civil aproveitam a oportunidade para clamar por uma participação maior no processo de tomada de decisões; e atores externos escolhem entre esses dois extremos como melhor lhes couber – não mais reconhecendo o papel central de liderança de ninguém, e, portanto, contribuindo para um vácuo de liderança nos Estados mais frágeis.

As diretrizes para a cooperação técnica atual refletem essa confusão. Neste momento, os quatro níveis de administração de Goran Hyden se tornam interessantes. Ele distingue um metanível, que se preocupa com as questões fundamentais relacionadas ao sistema político; um nível macro, no qual as opções nacionais e as prioridades de política estratégica são definidas; um nível intermediário, em que as políticas são traduzidas em programas operacionais e papéis de administração pública; e um micronível, onde projetos são elaborados e implementados. Isso pode servir de base para esclarecer papéis e designar responsabilidades (Hyden, 1995).

Freqüentemente faz-se referência a Keynes para justificar um papel mais claro para o Estado. A visão radical de opor mercados ao Estado não funciona – é uma noção confusa vinda da época da Guerra Fria. A realidade é que os gastos públicos, em porcentagem do PIB, são maiores em países desenvolvidos do que eram há poucas décadas – e estão crescendo em alguns deles.

Cooperação e desenvolvimento humano

De acordo com um relatório recente do Banco Mundial, os governos não são os únicos atores a construir e reformar instituições. Indivíduos, comunidades, empresas multinacionais e outros atores da sociedade civil são vitais para levar as mudanças adiante. Tais atores constroem instituições, "muitas vezes em parceria entre si", e influenciam as mudanças institucionais no processo. Os governos ainda são os maiores atores, como provedores de muitas instituições de apoio ao mercado (principalmente através de leis que garantem e protegem os direitos de propriedade). Entretanto, o relatório argumenta que "o equilíbrio entre os mercados e o poder do Estado, e entre as empresas e os interesses sociais, é delicado, no curso do desenvolvimento institucional" (World Bank, 2002).

Os autores do relatório usam um procedimento passo a passo para a formação de instituições a fim de promover o desenvolvimento de mercados. O primeiro passo, eles defendem, é entender três maneiras pelas quais os mercados apóiam instituições, por meio de: a) "canalização de informações", condições de mercados, bens e participantes; b) "garantia dos direitos de propriedade e contratos"; e c) aumento – ou diminuição – da competição nas transações de mercado. Eles argumentam que, em vez de primeiro dar atenção às estruturas específicas das instituições, os elaboradores de políticas devem usar o modelo proposto para identificar que tipo de diferença existe – o que falta e por que falta – em seus ambientes institucionais. Essa visão mecânica de como "fazer certo" ignora as condicionalidades sociais e políticas na formação de instituições. É impossível oferecer um modelo para lidar com as condicionalidades políticas. Cada caso é único.

A regulação por parte do Estado é talvez a questão mais importante que cada país atualmente enfrenta. O papel do Estado na avaliação de tendências e ajustes de competição parece hoje mais importante para os países em desenvolvimento do que as reformas estruturais. A macropolítica de curto prazo se tornou tão essencial que o maior papel do Estado – como dar proteção social ou serviços sociais, a saber educação e saúde – está de certa forma marginalizado. Esta questão é particularmente relevante em termos de quais escolhas são dadas aos países em desenvolvimento. Está sendo dito a eles para adotar a última moda mercadológica sem nenhuma garantia de que isso é o certo para eles ou bom para seus cidadãos? A elaboração universal é relevante para todos? Os países estão sendo obrigados a adotar um papel específico para o Estado, a partir da sua dependência em relação à assistência externa? Como o empoderamento se aplica aqui?

Uma região importante e bastante estudada, o leste da Ásia, produziu resultados interessantes sobre o papel do Estado. Em uma publicação revisando os erros de interpretações passadas sobre a natureza do "milagre" asiático (Stiglitz & Yusuf, 2001), uma série de autores concorda que as razões por trás desse sucesso estão na industrialização bem-sucedida e na absorção do conhecimento internacional, novo ou independente. As questões centrais relacionadas a esse sucesso – um ambiente macroeconômico estável, grandes poupanças e taxas de juros, capital humano de alta qualidade, uma burocracia baseada em méritos, desigualdade de baixa renda, promoção de exportação – apontam para um forte papel do Estado. A questão mais contenciosa com respeito à intervenção governamental se relaciona ao seu papel em políticas industriais, em duas frentes: "a contrafactual e a significância coletiva quantitativa dessas intervenções". Enquanto alguns autores insistem que, através da "administração de mercado", os governos do leste Ásia desaceleraram o crescimento de instituições legais e reguladoras que fortaleciam o mercado e remediavam algumas de suas falhas, outros argumentam que condições mutantes da economia global são as razões para novas demandas na regulação pelo Estado.

Concluindo, Stiglitz admite que os governos, assim como qualquer instituição humana, são falíveis, e argumenta que, em

Cooperação e desenvolvimento humano

retrospectiva, talvez a crítica final deveria ter sido a de que eles não tiveram ações suficientemente fortes, nem intervieram em demasia. Os governos desregulamentaram o setor financeiro, quando deveriam estar se perguntando qual seria o conjunto apropriado de regulamentações, e não fizeram o suficiente para assegurar boa administração corporativa, que teria sido necessária para criar mercados de ação efetivos (ibidem).

Valores

"Devemos insistir no desenvolvimento de um conjunto de valores universais, ou nos engajamos em uma luta para resistir ao monopólio sobre as explicações que esse grupo de valores santifica?" (Marsden, 1994).

Segundo Amartya Sen (2000), "O exercício da liberdade é mediado por valores que, porém, por sua vez, são influenciados por discussões públicas e interações sociais, que são, elas próprias, influenciadas pelas liberdades de participação".

As instituições que promovem liberdades participativas têm um código de conduta inspirado em valores progressivos. Há lugar para qualquer agente se inspirar em tal sistema de valor. É possível até que um agente externo desempenhe esse papel catalisador. Os criadores de capacidades, sejam eles indivíduos, instituições, processos ou recursos, podem todos desempenhar um papel no incentivo de discussões públicas e interações sociais. Estas não precisam estar confinadas em um grupo local ou nacional fechado. Admitindo até que a natureza do desenvolvimento reproduz desigualdade e não trata de maneira alguma a polarização, podem-se ainda encontrar boas justificativas para usar qualquer ponto de partida que expanda as liberdades participativas. Para tal receita funcionar, no entanto, há um número de elementos fundamentais que devem ser levados em consideração.

Em vez de entrar em um debate sobre possibilidades econômicas, talvez seja mais relevante se concentrar nos valores. O Estado é um agente crucial para o estabelecimento de um sistema de valores. Não há um sistema de valores que não se refira ao Estado, até os que se opõem a ele. Por exemplo,

> um dos ingredientes principais do uso efetivo da lei é que a lei e o governo reflitam de maneira fiel o comportamento social real e sirvam como meio efetivo de controle social. O desvio entre os dois (lei formal e prática) cria um limbo resultante da falta de leis e do formalismo vazio. (Dia, 1996)

O mesmo pode ser dito da orientação econômica. Se um governo não leva em consideração os interesses dos eleitores internos e age em total desconsideração com a sociedade, ele revoga falsos sistemas econômicos formais que têm pouco a ver com trocas informais. Chibber advoga uma "combinação adequada" entre as capacidades institucionais do Estado e as suas ações. Em Estados bem desenvolvidos, as capacidades administrativas são normalmente fortes, e freios e contrapesos institucionalizados restringem a ação arbitrária, mesmo quando elas dão às organizações governamentais a flexibilidade de buscar os seus mandatos públicos. Em contraste, os Estados com instituições mais frágeis precisam sinalizar de maneira especial para as firmas e os cidadãos que eles estão privados de ações arbitrárias (Dasgupta & Serageldin, 2000). Infelizmente, em ambos os casos – uso da lei e comportamento econômico – vêem-se os defensores do empoderamento justificando a polarização e o enfraquecimento do papel do governo.

Para promover o comprometimento e a apropriação, um sistema de valores tem que incentivar a motivação, a lealdade e a fidelidade às organizações modernas. Muito freqüentemente uma falta de apropriação nos países em desenvolvimento é atribuída a percepções negativas de clientela, patrocinadores, corrupção institucionalizada e extensas relações de parentesco. Estes problemas existem, mas eles só foram analisados superficialmente, facilitando a explicação de falhas, apesar de alguns dos exemplos mais espetaculares de crescimento econômico poderem ser retroativos a essa mesma receita.

De acordo com Qian, a apropriação e o controle privados funcionam bem em um ambiente com boas instituições de apoio, que não é o mundo perfeito em que vive a maior parte das economias em desenvolvimento e em transição. Em curto prazo, é provável que a maioria das instituições de uso da lei seja deficiente (Stiglitz & Yusuf, 2001). O exemplo da República da Coréia mostra que não devemos ter uma visão "preto no branco" da regulação pelo Estado. Há necessidade de ver as nuanças de algumas das relações casuais estabelecidas com patrocínios, parentescos e apoio do Estado ao desenvolvimento do setor privado.

Os valores são culturalmente determinados. Se a verdadeira parceria entre os agentes do desenvolvimento for conseguida, muito mais discussão será necessária sobre a harmonização de valores. Alguns países do milagre asiático construíram suas enormes conquistas sobre valores que, de outra forma, teriam sido considerados corruptos; como o fez a maioria dos países desenvolvidos antes deles, tempos atrás na história. O que é peculiar ao debate é a maneira como avaliamos sucesso, risco e insucesso. Até que ponto o empoderamento requer a relação com um conjunto específico de valores, como valores externos, mesmo quando eles são colocados como universais? Ou com os valores locais e as suas possíveis interpretações múltiplas?

O argumento de Bourdieu (Partant, 1982) de que os instrumentos de controle são formalmente baseados nas relações de "boa-fé", enquanto disfarçam uma base desigual, serve para lembrar como podemos fingir sem fazer – ter o símbolo sem a substância. Boa parte da literatura sobre gestão nos Estados Unidos e no Reino Unido defende que os processos e sistemas de valores determinam o comportamento organizacional em uma escala que não foi previamente reconhecida. O discurso político também equaciona a capacidade gerencial à competência política – que sempre promove sistemas de valor.

A gestão tem a ver com o poder e o controle de maneira inerente. As relações de poder nunca estão de fato longe da prática do desenvolvimento e precisam da devida atenção. De outra maneira, pode-se refugiar na terminologia neutra de gestão e fazer de conta que o empoderamento é só uma ferramenta técnica para aumentar a efetividade e, é claro, a apropriação!

Impaciência construtiva

Duas premissas causaram impacto no debate e na abordagem do desenvolvimento de capacidades. A primeira foi a do modelo especialista-parceiro de que aqueles que trabalham como especialistas têm um conhecimento especializado, enquanto os parceiros têm conhecimento apenas do ambiente local. A segunda premissa se baseia em uma suposição da teoria das distâncias – que um especialista (externo, natural de países desenvolvidos) tem um depósito de conhecimento que precisa ser passado adiante ao recebedor, proveniente de países em desenvolvimento que não tem essa capacidade acumulada. Outra maneira de olhar tal questão é que o recebedor constitui um recipiente vazio esperando ser preenchido com o conhecimento do especialista. Críticas à cooperação técnica se referem aos limites desse modelo.

A abordagem atual do desenvolvimento de capacidades pede que se distancie desse modelo, mas em geral há mudança apenas superficial, sem transformação fundamental. Em vez de examinar como se produz a capacidade sustentável, agências de assistência de doadores algumas vezes simplesmente substituem o especialista estrangeiro por um proveniente do país recebedor e limitam o papel de uma possível especialidade externa. Eles também requerem mais práticas domésticas. Apesar dessas mudanças na superfície, os fundamentos da relação entre doadores e recebedores ainda não mudaram, e também ainda não foram suficientemente questionados. Três áreas essenciais precisam de consideração particular: o que deve ser considerado nacional e doméstico; o papel da "indústria" do desenvolvimento; e o prazo das intervenções de desenvolvimento em geral, e do desenvolvimento de capacidades em particular.

O que significa nacional e doméstico?

Muito freqüentemente, nacional e doméstico implica a participação dos recebedores no processo de elaboração, monitoramento e implementação de projetos. Projetos são parte de um modelo mais amplo de política que, de maneira bem extensiva, define seu possível escopo. Dois níveis diferentes precisam ser examinados aqui: o nível de projeto e o nível de política.

Na elaboração de projetos, não é raro que os doadores imponham um formato particular. Isto normalmente se baseia em modelos de documentos que variam de doador para doador. A natureza do projeto é muito baseada em grupos, uma vez que raramente se integra por completo aos processos orçamentários nacionais. Para complicar as coisas ainda mais, algumas vezes a instituição formal local que recebe o projeto é conspícua.[4]

O monitoramento se baseia em um modelo de responsabilização que é cada vez mais ligado à gestão dos doadores, baseado

---

4 Segundo Dia (1996), "As instituições formais, não sendo calcadas na cultura local, geralmente não conseguem despertar a lealdade da sociedade ou iniciar a apropriação local, ambas importantes para catalisar a sustentabilidade e a afirmação. Estas instituições formais divergem do comportamento, expectativas e sistemas de incentivo da sociedade local e, portanto, enfrentam uma crise de legitimidade e afirmação ... Em contraste, as instituições domésticas ancoradas na cultura e nos valores locais contam com pilares sólidos de legitimidade, responsabilização e auto-afirmação".

em resultados. A pressão pública para as agências de assistência dos doadores se responsabilizarem pelo dinheiro gasto impõe relatórios financeiros rígidos e enfoque em resultados. Isto pode marginalizar ainda mais o papel do recebedor no processo de gestão, principalmente se os sistemas não permitirem a flexibilização nos arranjos para execução.

Métodos avaliativos ainda lutam com a integração de técnicas participativas em atividades grandes. A experiência de projetos de pequeno porte ainda não se traduziu em uso universal de técnicas participativas. A orientação em direção a abordagens setoriais e uma maior integração em processos de planejamento nacional têm sido orientadas pelos doadores, e até agora não contribuíram para a redução de custos transacionais. Na realidade, reforçaram os fundamentos da teoria das distâncias ao dar a ela uma dimensão intermediária mais clara. Portanto, a elaboração, o monitoramento e a avaliação de projetos são pensados para caber em um modelo preexistente criado pelos doadores – não recebedores locais. Cracknell enfatiza a importância de monitoramento e avaliação participativos pelas pessoas locais. Ele também argumenta que uma abordagem participativa de avaliação não só cria mais programas efetivos de assistência, mas investe poder às pessoas locais e pobres. Ele afirma que "contratempos e reorientações" em avaliação são necessários para tornar a assistência para o desenvolvimento mais efetiva (Cracknell, 2000). O mesmo ponto de vista é compartilhado por um grupo de avaliadores que examinaram a cooperação para o desenvolvimento européia sob o ângulo do seu impacto na redução da pobreza (Cox & Healey, 2000).

Cox e Healey subseqüentemente analisaram mais profundamente uma amostra de projetos e programas para procurar "práticas boas e ruins", baseando-se em evidências. Eles descobriram que:

- "Tanto os países em desenvolvimento parceiros quanto as agências de desenvolvimento têm a responsabilidade de rejei-

Cooperação e desenvolvimento humano

tar práticas implementadas de cima para baixo, que excluam os pobres. As agências devem também procurar influenciar outras agências a promover uma prática mais participativa."

- A promoção de uma participação maior é vista pelos pobres como boa por natureza, mesmo que um projeto não funcione segundo os critérios convencionais, como aumentar de forma crescente a segurança de meios de sustento. "Benefícios menos tangíveis são em geral altamente valorizados por grupos carentes, até mesmo aqueles que reforçam a sua sensação de direitos, a sua capacidade de analisar e articular suas próprias necessidades e possíveis soluções, e a sua confiança e habilidade de participar em processos políticos locais."
- "A participação de implementadores locais tende a resultar em maior apropriação e assistência para gerar demanda para novos serviços. Não é uma panacéia no momento, no entanto, pode resultar em pressão para diluir esforços devido a um leque insustentavelmente grande de atividades."
- "A participação significativa precisa ser implementada antes dos componentes de infra-estrutura, em vez de simultaneamente, para poder influenciar a elaboração, locação, e adequação de investimentos físicos."

No nível das políticas, as contradições são muito mais fundamentais. Quando os programas de ajuste estrutural foram introduzidos, o instrumento de condicionalidade entrou na esfera da macroeconomia. Esse movimento está em contradição direta com o desejo por mais processos apropriados nacionalmente e orientados de forma doméstica. Promover um melhor uso dessas abordagens durante o momento em que os recebedores percebem as imposições crescentes no nível macro é, obviamente, problemático. Isto se tornou central para o debate e provocou certas respostas – até mesmo o lançamento do Modelo Abrangente para o Desenvolvimento (*Comprehensive Development Framework*) e ERPs.

O processo das ERPs iniciou uma prática interessante que busca consolidar apoio orçamentário, perdão de dívidas, planejamento central e métodos participativos em um único pacote. Doadores, através do OECD/CAD, conduziram discussões encorajadoras sobre a natureza da apropriação quando aplicada a esse pacote. Por exemplo, o papel relativamente modesto desempenhado por parlamentos eleitos e eleitores, o fato de que as ERPs estão "aprovadas" pelas bancas do Banco Mundial e do Fundo Monetário Internacional (FMI), e a falta de ligações macroeconômicas explícitas com o instrumento, são todos desafios que irão testar a apropriação dessa abordagem. Tais questões também estão relacionadas à visão de que o comprometimento e a boa administração precisam ser expressos necessariamente de uma maneira central, tornando razoável classificar países em categorias de "bons" e "maus" desempenhos, o que pode minar os princípios de apropriação esposados pela abordagem das ERPs.[5]

A questão de como lidar com a apropriação tornou-se central. Para haver o fortalecimento do comprometimento, da dedicação e da identidade das pessoas, são necessários processos que permitam a clara legitimação nacional.

O papel da indústria do desenvolvimento

Depois de cinco décadas de prática de desenvolvimento, especialistas em desenvolvimento criaram um número de modismos e proposições sem mudar muitas das suas práticas básicas. A maleabilidade da indústria e a sua capacidade de se ajustar aos tempos de mudança estão bem estabelecidas. Ela se tornou bastante influente nas definições das agendas internacionais e alcançou novos parceiros, como instituições filantrópicas e o

---

5 Para maiores detalhes sobre as ERPs, ver capítulo 4.

mundo corporativo. A indústria do desenvolvimento é uma coleção muito diversa de especialistas e outro pessoal de projetos, como consultores, acadêmicos de desenvolvimento, advogados, e especialistas em comunicação, ONGs, e burocratas de agências de doadores e de organizações internacionais. A indústria é atualmente dominada por consultores gerenciais. Eles personificam os novos papéis designados à cooperação técnica, a base da indústria do desenvolvimento.

As práticas de cooperação técnica se centralizam na criação de capacidades individuais e na formação de instituições. Há um grande consenso de que o índice de sucesso na primeira área é extremamente alto. A área problemática, a formação de instituições, apresenta um quadro diferente. Está estabelecido que o papel dos agentes externos na formação bem-sucedida de instituições geralmente é marginal. Esta visão se baseia nas experiências comparadas da África subsaariana – com muitas iniciativas de capacidade e pouco a mostrar – e de outras regiões, que têm resultados menos expressivos e mais recordes progressivos na formação de instituições. O enfoque atual em tarefas definidas, resultados mensuráveis, mecanismos de aprendizado e planejamento abrangente e integrado deu nova vida à indústria. A porcentagem dos recursos que financiam as atividades de cooperação técnica em países em desenvolvimento não foi reduzida na última década, apesar das novas práticas introduzidas.

A indústria do desenvolvimento continua a ter um monopólio do pensamento. Ao constantemente criar novas metodologias, jargões, iniciativas e nichos definidos, ela oprime a capacidade de absorção dos recebedores essenciais, tornando impossível para eles realmente se apropriar nacionalmente dos processos e introduzir conhecimento doméstico. O interesse por gestão doméstica é uma tentativa de tais estas questões. É cedo demais para avaliar uma possível mudança.

Controvérsias sobre desenvolvimento

As tensões em torno da cooperação técnica têm muito a ver com o notável insucesso de um grupo específico de países – os países menos desenvolvidos, a maioria africanos. Há um certo grau de desespero entre especialistas em desenvolvimento, porque eles vêem sua própria capacidade desafiada pelo fato de que não podem melhorar o desempenho de seu alvo principal. A visibilidade do insucesso obscurece o que poderia de outra maneira ser apresentado como conquistas extremamente bem-sucedidas em outras categorias de países. Ao circunscrever o debate à capacidade dos países menos desenvolvidos, o tamanho do desafio não é suficientemente reconhecido. A questão é a da redução da pobreza em primeiro lugar.

As últimas estimativas do Banco Mundial indicam que a proporção média da população em países em desenvolvimento vivendo com menos de US$1 por dia caiu de 32 para 26% entre 1990 e 1998. A simples extrapolação dessa tendência para o ano de 2015 resulta em um índice de contagem *per capita* de mais ou menos 17% – sugerindo que o mundo está no caminho certo para atingir o objetivo global de redução da pobreza entre 1990 e 2015. Infelizmente, a história não termina aqui.

Quando o leste asiático é excluído, a pobreza da renda nos países em desenvolvimento cai muito pouco – de 35% para 33%, respectivamente. O progresso foi menor que a metade do índice necessário para atingir a meta de pobreza. O número de pobres na África subsaariana, sul da Ásia e América Latina e o Caribe, juntos, na realidade aumentou em mais ou menos 10 milhões a cada ano desde 1990.

A maior parte da formação do capital humano nos países menos desenvolvidos não conseguiu produzir os resultados desejados. A julgar pelo aumento no número geral de países menos desenvolvidos, os efeitos da globalização confirmam essa leitura. Isso é em parte por causa da concentração excessiva da formação de habilidades humanas (em vez da sua retenção e utili-

Cooperação e desenvolvimento humano

zação) e da criação de instituições – "construção" nesse contexto é uma palavra que confunde – no lugar de apoio e fortalecimento institucionais. Mas tais fatos não bastam para explicar a falta de instituições bem-sucedidas. O grande número de instituições com grandes realizações, em países em desenvolvimento – embora admitidamente a maioria em países que não são menos desenvolvidos –, produz evidências do que funciona ou não. Pode muito bem ser o caso, portanto, de as circunstâncias específicas dos países menos desenvolvidos corresponderem simplesmente ao preço de processos desiguais e não-lineares de desenvolvimento, que produzem vencedores e perdedores em um mundo desigual.

Essa é uma discussão relevante à luz das propostas do *Assessing Aid* (World Bank, 1998). O relatório defende que a assistência deve gerar boas políticas. Para isso funcionar, tal assistência deve estar relacionada tanto com o conhecimento quanto com o dinheiro. E, admitindo-se que esta está sujeita ao aprendizado, temos de aprender que alguns dos piores resultados do crescimento do desenvolvimento vieram de fortes condicionamentos de macropolíticas aplicadas de fora para dentro. E uma vez que os Estados mais frágeis normalmente têm de lidar com a lista mais longa de condicionamentos, é preciso explicar "desempenho fraco" em termos mais sofisticados.

O que provocou o sucesso em certos países foi uma combinação de fatores, com a apropriação constituindo apenas um deles. Na realidade, a apropriação não necessariamente promove ou impede o crescimento econômico, mas é fundamental para o desenvolvimento (Marsh et al., 1999). Ajudaria admitir que as circunstâncias sob as quais uma instituição floresce são muitíssimo complexas para ser reduzidas ao ângulo da cooperação técnica. A esse respeito, o entendimento do tecido social é essencial. Compreender as dimensões políticas é crucial. É fundamental identificar o tipo certo de necessidades de conhecimento e talhar os processos e soluções para responder a elas.

Se for para tratar as questões de capacidade de maneira séria, elas não podem ser dissociadas da fuga de cérebros e do que a motiva. Talvez seja necessário propor soluções muito radicais que levem em consideração a utilização atual do conhecimento e a emergência de um mercado global de trabalho especializado. Essas soluções contribuiriam para um debate mais transparente. É o momento de reinvestigar a noção de que há uma divisão internacional do trabalho; se ela existe, é certamente governada por regras que são bem diferentes daquelas de apenas duas décadas.

A nova agenda de desenvolvimento emergente

As estratégias de desenvolvimento dos últimos cinqüenta anos abordaram desenvolvimento como um problema técnico que requeria soluções técnicas, tais como melhor planejamento, estruturas macroeconômicas sólidas, melhores termos de compra e políticas de preços, e considerável assistência técnica. Não se dava muita atenção, entretanto, à necessidade de se atingir profundamente a sociedade e de se lidar com as realidades sociais e políticas mais complexas. Hoje se reconhece amplamente que desenvolvimento, como uma *transformação da sociedade*, requer uma mudança que ofereça aos indivíduos e às sociedades maior controle sobre seus próprios destinos. O processo de realização dessa mudança, entretanto, é repleto de dificuldades e complexidades.

Naturalmente, um ponto de partida crucial é a formulação de *estratégias de desenvolvimento* cujo objetivo é facilitar a transformação da sociedade. Tais estratégias, em primeiro lugar, devem refletir o reconhecimento fundamental, indicado por Amartya Sen, de que liberdade é tanto um objetivo primário como também o principal meio para desenvolvimento. De um lado, desenvolvimento, visto por uma perspectiva de aumento

Cooperação e desenvolvimento humano

de liberdades (mais do que meramente de aumento do PIB e fomento à industrialização e modernização social), diz respeito à expansão das capacidades humanas. De outro lado, quando se formula uma estratégia de desenvolvimento, é vital notar o papel construtivo que a liberdade desempenha em uma sociedade e o fato de que liberdades políticas e direitos humanos estão entre os principais componentes do desenvolvimento (Sen, 2000 e PNUD, 1992).

As estratégias de desenvolvimento, cujo objetivo é promover uma transformação social em termos de expansão das liberdades humanas, auxiliam na identificação de barreiras, assim como dos potenciais catalisadores de mudança, além de oferecer maior apropriação e liderança locais no que se refere a esse processo. Mais ainda, há maior aceitação de reformas e maior participação no processo de transformação, se houver um senso de eqüidade e justiça no processo de desenvolvimento. A participação efetiva se traduz ainda em maior noção de apropriação, especialmente quando se faz um esforço para formação de consenso.

Visões do passado

A iniciativa por mudança vem de diferentes lugares, mas a maior responsabilidade está com os que detêm mais poder na relação. (Chambers, 2001)

A assistência em benefício do desenvolvimento foi concebida na era pós-guerra como uma tentativa de reduzir a distância entre os países desenvolvidos e os países em desenvolvimento. As primeiras décadas de sua concepção foram dominadas pelo crescimento de teorias de desenvolvimento (Rodenstein-Rodan, Harrod-Domar e a extremamente influente Rostow) e pela suposição simplista de que o processo de desenvolvimento seguia em toda parte um padrão similar, desconsiderando as con-

Carlos Lopes

dições locais e as circunstâncias propícias. A abordagem do preenchimento das lacunas se baseava na premissa de que se ofereceria apoio temporário aos países pobres em termos de capital, habilidades e estruturas como forma de capacitá-los rapidamente para que eles pudessem então sustentar a si mesmos.

Atualmente, a assistência para o desenvolvimento é criticada por erodir apropriação e compromisso e, assim, não apenas distorcer as estruturas de incentivo nos países em desenvolvimento, mas também questionar as capacidades funcionais de atores nacionais, criando dependência e subordinação, em vez de independência e sustentabilidade. Acredita-se que as relações de assistência são assimétricas, descontínuas e distorcidas (Ribeiro, 2002).

Como mencionado anteriormente, a mudança de controle dos beneficiários pretendidos para os provedores de assistência ao desenvolvimento é gerada pelo fato de que o financiamento de programas de desenvolvimento provém dos doadores e não dos recebedores da ajuda (Morgan, 2001). Mais ainda, as disparidades no poder e a inflicção de agendas não-desenvolvimentistas criam uma estrutura errada nas relações de ajuda, deformando-as e virando-as do avesso. Como resultado, os agentes internacionais são, freqüentemente, muito mais responsivos aos interessados domésticos do que aos países que eles estão tentando assistir. Agências implementadoras, de sua parte, normalmente se reportam àqueles de quem recebem dinheiro. E os governos recebedores, por sua vez, se consideram mais responsáveis em relação à prestação de contas à comunidade financiadora internacional do que ao seu próprio eleitorado (ibidem). Assim, instituições de desenvolvimento emergem como burocracias de tamanhos e complexidade diferentes que operam com base no poder e, de acordo com seus críticos, criam mais *objetos* de desenvolvimento do que *parceiros* (Ribeiro, 2002).

Anos recentes testemunharam uma mudança na ênfase do discurso do desenvolvimento, que se move em direção a um enfoque em efetividade e em resultados. Crucial para o debate de desenvolvimento é a questão de como o desenvolvimento linear funciona e qual seu papel para atores nacionais no processo. A perspectiva de desenvolvimento como expansão das capacidades humanas destaca a interdependência de liberdades e seu papel construtivo no desenvolvimento. Capacidades humanas são influenciadas não apenas por oportunidades econômicas, mas também por liberdades políticas, facilidades sociais e condições favoráveis, como boa saúde, educação básica e encorajamento e cultivo de iniciativas (Sen, 2000). Todas essas liberdades e oportunidades são complementares e reforçam uma à outra. Por exemplo, direitos políticos e civis tendem a estimular liberdades econômicas ao dar voz aos interesses daqueles excluídos e vulneráveis. Como dito por Sen, "é por causa destas interconexões que a condição de agentes livres e fortalecidos emerge como um poderoso propulsor do desenvolvimento" (ibidem).

Em resposta à crítica da erosão de apropriação e motivação, atenção crescente tem sido dedicada à condição de agente local. O novo vocabulário de assistência internacional inclui termos como empoderamento, responsabilização, apropriação, parceria, participação, transparência e interessados primários. Ainda assim, os princípios denotados pelo uso dessa terminologia não são sempre percebidos na prática. Como Morgan indica, as noções de compromisso e apropriação permanecem abstrações que, ou são excessivamente subjetivas, ou políticas demais para se poder analisar com qualquer rigor (Morgan, 2001). Os obstáculos no caminho da mudança estão enraizados na inércia pessoal e institucional, assim como em questões de controle, aversão ao risco, carga de trabalho excessiva, restrições de pessoal, capitais investidos e poder. As práticas consolidadas favorecem metas de desenvolvimento de curto prazo, aplicadas de cima para baixo, enquanto o sistema de incentivo frustra e priva trabalhadores na linha de frente de exercer poder e influência (Chambers, 2001).

4
Desafios atuais

O enfoque limitado das antigas, e mesmo das recentes, abordagens de desenvolvimento é surpreendente. Elas falharam em reconhecer que: (i) esforços de desenvolvimento bem-sucedidos em muitos outros países, até mesmo no mundo desenvolvido, envolveram um papel ativo dos Estados; (ii) muitas sociedades nas décadas anteriores a essa atuação ativa do Estado – ou interferência, como é chamada por essas doutrinas – falharam em se desenvolver (de fato, desenvolvimento foi a exceção no mundo, não a regra); e (iii) ainda pior, determinadas economias da era anterior ao maior envolvimento do Estado foram caracterizadas não apenas pelos elevados níveis de instabilidade econômica, como também pelos amplos problemas econômicos e sociais (vastos grupos da sociedade foram, com freqüência, excluídos de qualquer progresso).

A falta de valorização do papel do Estado é apenas uma parte do problema. Nossa compreensão da atuação dos mercados é igualmente estreita. De volta à idéia de Sen sobre a interconexão de liberdades, deve-se notar que também os mercados são inter-relacionados a outras instituições e liberdades. A habilidade de participar no mercado depende das oportunidades econômicas para entrar em seu mecanismo, assim como das condições gerais, tais como educação e saúde básica. Embora o mercado possa ser um instrumento poderoso de desenvolvimento, *apenas* a sua liberação por si só não é suficiente para facilitar o desenvolvimento. Pelo contrário, deve ser feita simultaneamente com a liberação de todos os outros aspectos da atual privação de liberdades.

Portanto, no contexto da nova agenda de desenvolvimento, cujo objetivo central é a transformação da sociedade com respeito ao alargamento das escolhas e liberdades, torna-se essencial que os países adotem estratégias de desenvolvimento mais amplas, holísticas, guiadas por uma visão de desenvolvimento de longo prazo. A nova abordagem deve reconhecer a importância do crescimento (aumento no PIB *per capita*) apenas como parte da questão, já que, como Sen indica, pobreza não pode ser avaliada apenas em termos de baixa renda; deve também ser vista pelo que ela realmente é: uma combinação da privação de liberdades (falta de capacidades) de vários tipos (Sen, 2000).

Além disso, acredita-se que a real transformação social aumenta a probabilidade de que as políticas subjacentes e as estratégias de desenvolvimento sejam duráveis, resistindo às vicissitudes que algumas vezes acompanham os processos democráticos.

O presente capítulo irá examinar o papel do diálogo no contexto da nova agenda emergente. Essa agenda reflete um amplo consenso alcançado nos anos 1990 por meio de uma série de Conferências Globais das Nações Unidas, que está encapsulado na Declaração do Milênio e nos Objetivos de Desenvolvimento do Milênio, cujo foco se dirige às conseqüências de desenvolvimento humano a ser encaradas como o ponto focal para ação coordenada entre parceiros do desenvolvimento.[1]

Enquanto as estratégias de desenvolvimento tornam-se cruciais para o processo como catalisadoras de uma mudança em toda a sociedade, são os princípios de participação e apropriação que ditam o ritmo da transformação. Definir o papel e o lugar do diálogo político na agenda de desenvolvimento para redução da pobreza requer uma compreensão melhor de sua natureza e de seu potencial para se impulsionar a transformação da sociedade. É para esse sentido que apontam as Estratégias Nacionais de Desenvolvimento Sustentável (ENDSs). Como será visto mais adiante, elas demonstram a necessidade de promoção participativa do desenvolvimento, de maneira adaptada às necessidades locais.

A globalização tem profundas implicações nos esforços de desenvolvimento sustentável, incluindo desenvolvimento de capacidades, e, portanto, há uma necessidade urgente de nova abordagem para a dimensão internacional das estratégias nacionais. As questões de *migração* e *comércio*, a serem discutidas em detalhes a seguir, surgiram como as duas interseções mais importantes entre os domínios nacional e global. A evolução de um mercado único para trabalhadores qualificados abriu as portas para emigrantes altamente capacitados, que partem dos países em desenvolvimento para os desenvolvidos. O comércio, mais do que a assistência, define a tendência da integração de países em desenvolvimento e, assim, o desenvolvimento de ca-

---

1 Os oito Objetivos de Desenvolvimento do Milênio são: 1) erradicar pobreza e fome extremas; 2) alcançar educação primária universal; 3) promover igualdade dos gêneros e empoderamento às mulheres; 4) reduzir a mortalidade infantil; 5) reduzir a mortalidade materna; 6) combater HIV/AIDS, malária e tuberculose; 7) assegurar sustentabilidade ambiental; e 8) desenvolver uma parceria global para o desenvolvimento. Metas específicas e prazos foram identificados para cada um dos ODM.

O discurso e o diálogo
sobre as estratégias de redução de pobreza

Em resposta às deficiências reconhecidas nos programas de ajuste estrutural, ao enfoque que emergiu recentemente na efetividade da ajuda e à percepção do papel crucial da apropriação, o FMI e o Banco Mundial aprovaram em dezembro de 1999 um novo instrumento de políticas, as Estratégias de Redução da Pobreza (ERPs), formuladas para servir como documento estrutural no financiamento concedido para redução de pobreza e crescimento sustentável. Inicialmente, as ERPs foram concebidas com a intenção de funcionar como uma base para o alívio à dívida externa no âmbito da Iniciativa da Dívida para os Países Pobres Muito Endividados (PPME). Subseqüentemente, o Banco Mundial e o FMI estenderam a cobertura das ERPs de 41 países pobres muito endividados para 30 países adicionais elegíveis à Assistência para o Desenvolvimento Internacional (ADI), um braço de financiamento concessional do Banco Mundial.

O processo das ERPs emergiu por volta de um ano depois da introdução do Modelo Abrangente de Desenvolvimento (MAD – ver capítulo 3), que foi formulado como base para a orientação estratégica de governos e das intervenções de parceiros em relação às principais prioridades de desenvolvimento dos países. O conceito das ERPs é sustentado por um conjunto de valores que enfatiza o diálogo sobre políticas ligado à apropriação e execução nacional. Como tais, as ERPs estão se tornando, cada vez mais, o principal veículo para suporte dos doadores aos governos em que os programas estão se desenvolvendo.

As ERPs são criadas com a intenção de ser nacionalmente apropriadas e desenvolvidas de forma participativa. Por conseqüência, espera-se que os governos recebedores assumam maior

Cooperação e desenvolvimento humano

responsabilidade, incluindo a consulta entre os vários parceiros de desenvolvimento e interessados nacionais. A utilização operacional do sistema MAD-ERP exige, portanto, diálogo longo e complexo com os vários parceiros, tanto locais como externos, abrangendo negociação institucional de plataformas, por meio de Grupos Consultivos ou Mesas Redondas.

As ERPs, entretanto, estão também sujeitas a escrutínio e aprovação pelos conselhos do FMI e Banco Mundial, seguindo a avaliação preparada por funcionários dessas duas instituições (*Joint IMF-WB Staff Assessment – JSA*). Assim, uma das ambigüidades das ERPs é o fato de que elas foram criadas com o propósito de ser tanto uma estrutura de programação apropriada pelo país como uma base para empréstimos do Banco Mundial/FMI examinados por seus conselhos, o que faz emergir várias questões e preocupações com respeito ao diálogo participativo sobre políticas e condicionalidade, tais como:

- O diálogo (e a participação) sobre ERP é ativo ou simbólico, uma vez que as ERPs são dependentes de um processo externo de aprovação (mesmo que existam parlamentos existentes) em vez de processos apropriados e aprovados pelos próprios países?
- O paradoxo urgência/consulta (em razão de ligações das ERPs com decisões sobre perdão à dívida) está limitando o tempo dado à consulta com todos os interessados – incluindo a sociedade civil, a população pobre, mulheres, o setor privado – e, desse modo, inviabilizando a essencial e ampla apropriação nacional?
- A presença de condicionalidade no processo das ERPs é consistente com os conceitos de apropriação e parceria locais com o tomador de empréstimo? Como a condicionalidade se relaciona com o diálogo sobre políticas? A condicionalidade substitui ou melhora esse diálogo?
- Como será resolvida a relação ambígua entre as ERP e o imperativo macroeconômico, que se traduz no estabelecimento

de mecanismos de negociação paralela para desembolso do Banco Mundial e FMI?

Apropriação com participação – a necessidade de inclusão e construção de consenso

As políticas impostas de fora podem ser aceitas com rancor e de forma superficial, mas raramente são implementadas conforme pretendidas. O papel do diálogo entre recebedores e doadores é, portanto, muito importante para a comunicação de preocupações, para o entendimento dos desafios e o estabelecimento de parceria durante o processo. A inclusão no processo de formulação e programação (e não apenas na implementação) estimula a apropriação e o compromisso, contrariamente ao que fazem a exclusão e alienação ao processo, que podem produzir ressentimento. Envolver os recebedores no processo de discussão sobre mudanças influencia e remodela suas formas de pensar. Isso os encoraja a desenvolver a capacidade analítica e aumenta sua confiança na habilidade que têm de utilizá-la.

Acima de tudo, como forma de alcançar o compromisso e a apropriação nacionais desejados, o diálogo sobre políticas deve ser participativo. Ele não pode ser apenas uma questão de negociações entre o doador e o governo, mas deve alcançar um envolvimento mais profundo com todos os grupos da sociedade, incluindo a sociedade civil, o setor privado, as mulheres e a população pobre. A marginalização universal da mulher no processo decisório, por exemplo, deixou suas preocupações inauditas, atrasando assim o processo de desenvolvimento. Estimular a consulta a todos os interessados é o principal objetivo em um diálogo sobre políticas para se assegurar a incorporação dos interesses de todas as partes. Apenas através do envolvimento de todos os grupos sociais, o processo de formulação de estratégias pode produzir o compromisso e envolvimento de longo prazo que são necessários para que o desenvolvimento seja sustentável.

Cooperação e desenvolvimento humano

A participação de todos os interessados no diálogo sobre políticas, entretanto, é atrasada, de um lado, pela falta de capacidade entre os grupos da sociedade e, por outro lado, pelo conhecimento insuficiente (ou suspeita) com o qual a sociedade civil é abordada por doadores e governos parceiros. A esse respeito, os grupos civis que foram aqueles a dar voz a membros da sociedade freqüentemente excluídos (tais como as mulheres), são uma parte importante do capital social a ser fortalecido. A recente contração geral da atuação do Estado tem sido acompanhada por um crescimento exponencial no número de organizações da sociedade civil que estão desempenhando um papel cada vez mais importante no processo de desenvolvimento. Essas organizações abrangem um espectro amplo: desde associações e sindicatos grandes e politizados, até ONGs de apoio e de desenvolvimento pequenas, mas vociferantes e freqüentemente bem fundadas e organizadas. Tais instituições agora servem como canal para gerar mais de 40% da Assistência Oficial para o Desenvolvimento bilateral em benefício de instituições pequenas, tradicionais e baseadas nas comunidades. O papel que a AOD desempenha na criação de ONGs também tem sido significativo, resultando no crescimento de ONGs de interesse especial que estão envolvidas diretamente com o gerenciamento da AOD. Elas têm assumido gradualmente uma função de supervisão na gestão tanto de recursos externos quanto de recursos domésticos alocados, com vistas a promover o desenvolvimento.

A importância da participação – como resposta à questão sobre *o que* precisa ser feito para assegurar um diálogo produtivo sobre políticas e uma intervenção para o desenvolvimento bem-sucedida – é normalmente um ponto consensual. Apesar disso, é necessário considerar o outro lado da moeda, ou seja, é preciso responder à questão sobre como vamos alcançar um diálogo sobre políticas participativo e construtivo. No caso das ERPs, que se pretendem desenvolver por meio de um processo participativo que incorpore contribuições para formulação de políticas oriundas de toda a sociedade, pouca atenção é dada a *como* melhor facilitar o envolvimento de todos os interessados nos processos de diálogo, ou a *como* assegurar que o diálogo e participação sejam ativos e não meramente simbólicos. Precisamos responder aos desafios da questão "como", reconsiderando o papel do planejamento. Fugir das armadilhas do planejamento rígido de curto prazo significa mover o pêndulo para o outro extremo – a falta de antecipação. Portanto, movido por um entusiasmo por apropriação e participação, tem-se deixado implícito que o processo participativo por si mesmo seria suficiente. Entretanto, ao mesmo tempo em que indivíduos dentro de uma comunidade participam fisicamente de um discurso sobre políticas, no que concerne ao que fazer e a como fazê-lo, deve haver mais nesse processo do que o simples ato do discurso.

Em primeiro lugar, como forma de ter um diálogo sobre políticas construtivo e significativamente participativo, os participantes devem estar totalmente informados, bem como ser capazes de contribuir para o debate; daí o papel crucial da aprendizagem e do desenvolvimento de capacidades. No processo de ERPs, exige-se que os governos do Sul desenvolvam novas políticas com pouca capacidade e com o peso das velhas prescrições, enquanto a sociedade civil geralmente prescinde de capacidades para participar efetivamente no nível do debate macroeconômico (ver Anexos 4 e 5, p.203-6). Acima de tudo, a idéia de participação é um conceito vazio se os materiais-chave são apresentados para discussão apenas em idioma estrangeiro, como, por exemplo, no processo da ERP-I do Camboja (ver Anexo 4). Em segundo lugar, o diálogo participativo requer um ambiente propício. Meramente conclamar a participação não resolve a questão dos estímulos: indivíduos (e grupos de indivíduos ou organizações) precisam estar motivados a participar por meio de engajamento cívico sistemático.

Cooperação e desenvolvimento humano

Em terceiro lugar, deve haver uma sensação de que o processo de tomada de decisões é justo, uma vez que será difícil sustentar a participação se os participantes sentirem que não estão sendo devidamente ouvidos e que suas visões não são levadas em consideração no processo decisório, isto é, se a participação for meramente simbólica (ver Anexos 4 e 5). Em quarto lugar, como forma de alcançar um diálogo genuíno, construtivo e participativo, tempo suficiente deve ser distribuído no processo. Um grande obstáculo para a participação real de todos os interessados no processo das ERPs são suas ligações com as decisões sobre o perdão da dívida. Isto é, o governo, em seu desejo de um rápido alívio à dívida e de empréstimos de ADI, encarrega-se de preparações para as ERPs com urgência, limitando assim o tempo para o diálogo e consulta com os grupos da sociedade.

Dessa forma, enquanto em teoria se pretende que as ERPs sejam participativas, pouco tem sido feito em termos de planejamento estratégico para assegurar a participação real e eficiente na prática.

Apropriação *versus* condicionalidade

Condicionalidade e apropriação por parte do tomador de empréstimo podem ser contrastadas ao se colocar a seguinte questão – "Se o país se apropria de um programa de reforma, por que a condicionalidade é necessária?" (Stiglitz, 2001)

Essa questão parece ser clara: mudança efetiva não pode ser imposta de fora. De fato, a tentativa de impor mudança de fora tem tanta probabilidade de engendrar resistência e fazer emergir barreiras contra ela quanto tem chances de facilitá-la. No âmago da questão do desenvolvimento está a mudança nas formas de pensar e não se pode forçar as pessoas a mudar a forma como pensam.

De fato, interações entre os doadores e recebedores às vezes impedem a transformação. Mais do que encorajar os recebedores a desenvolver suas capacidades analíticas, o processo de impor condicionalidades dificulta tanto as iniciativas para adquirir tais capacidades quanto a confiança dos recebedores em sua habilidade de utilizá-las. Em vez de envolver amplos segmentos da sociedade em um processo de discussão da mudança – e, com isso, mudar suas formas de pensar –, a excessiva condicionalidade reforça relações tradicionais de assimetria. Em lugar de investir poder naqueles que poderiam servir como catalisadores da mudança dentro dessas sociedades, ela evidencia sua impotência.

Dessa forma, o processo de ajuda cria um cenário paradoxal: quanto mais fraca é a responsabilização nacional, mais os doadores se sentem tentados a tornar mais rígidos os requisitos e os mecanismos de controle, que são difíceis de atender justamente por causa da fraqueza do governo e das instituições. A falta de engajamento dos doadores em relação a países com condições inadequadas, na realidade, apenas agrava a situação para a população mais pobre. Tais países precisam de mais e não de menos ajuda. Se o processo de desenvolvimento não é bem-sucedido, isto não significa que ele deva ser totalmente abandonado, mas sim que precisamos mudar o método de intervenção para outro que funcione naquelas condições particulares. Por exemplo, no caso de governos fracos e/ou pouco cooperativos, deve-se empenhar em trabalhar com outros parceiros particulares, tais como a sociedade civil e ONGs, rumo à criação de condições necessárias para que as reformas perdurem.

O empréstimo e a mobilização de recursos no âmbito das ERPs oferecem um caso de teste para a compatibilidade entre condicionalidade e apropriação, uma vez que condicionalidade permanece como um componente importante do processo de ERP. No contexto das ERPs, o Banco Mundial e o FMI vêem condicionalidade como um conjunto de políticas baseado em compromisso mútuo para redução da pobreza e reforma das políticas. Essas instituições enxergam condicionalidade como um

Cooperação e desenvolvimento humano

compromisso do emprestador para se engajar e emprestar, enquanto a apropriação do tomador de empréstimo representa o compromisso do país em melhorar políticas e instituições, com o objetivo de reduzir a pobreza e promover crescimento sustentável. De acordo com essa visão de condicionalidade, em vez de impor uma postura ao tomador de empréstimo, o emprestador se compromete a emprestar sob certas condições determinadas conjuntamente. Entretanto, se um consenso for alcançado sobre os objetivos amplos do programa e suas direções, deverá haver pouca (se houver alguma) necessidade de justificação para a imposição de condições – especialmente quando as condicionalidades são condições intermediárias (tais como estabilidade econômica), que não provaram garantir a redução da pobreza.

Além disso, o Banco Mundial e o FMI sugerem que a condicionalidade seja vista como um processo que evolui ao longo do tempo, com a devida consulta a todos os interessados e, como tal, é uma parte do diálogo entre o emprestador e o país, não uma alternativa. Ao considerar condicionalidade como um processo construído em torno do diálogo, o Banco Mundial e o FMI tentam dar novo significado e modalidade à condicionalidade. É para formar um processo constante que o Banco e o tomador de empréstimo desenvolvem e nutrem confiança e compromisso, enquanto o programa de reforma progride. Isso, entretanto, faz sentido apenas se há opções de escolha. Se o projeto é formulado e posto a avançar por apenas uma parte, o diálogo como tal é um mero pretexto. Se as condicionalidades das ERPs não forem expostas e trazidas ao domínio público, haverá um aumento da desconfiança. Embora as formas de condicionalidade e de apropriação evoluam ao longo do tempo, são semelhantes a um "jogo repetido" que constrói, mas também destrói, reputação e confiança, atrasando assim o diálogo. Sem confiança e diálogo aberto, há o perigo de que as ERPs possam ser vistas como mais uma exigência do país doador, mais do que apoio do governo concessor para a redução da pobreza e, assim, as preparações para as ERPs podem ser dirigidas não pelas necessidades de amplo desenvolvimento do país, mas sim pelo desejo de obter assistência contínua concedida do Banco Mundial e FMI, como mostram alguns casos recentes de ERP (ver exemplo do Camboja em Whaites, 2002).

A limitada habilidade de minimizar os desacordos sobre políticas é o maior obstáculo no caminho rumo ao desenvolvimento bem-sucedido. A capacidade de resolver desavenças é parte importante do capital social e organizacional. As reformas freqüentemente trazem vantagens a alguns grupos, enquanto levam desvantagens a outros. Haveria maior aceitação das reformas – e maior participação no processo de transformação – se houvesse um esforço pela formação de consenso, um senso de eqüidade e justiça e uma sensação de apropriação derivada da participação. Numerosos exemplos mostram a importância da formação do consenso para se alcançar estabilidade macroeconômica. Por outro lado, uma decisão para, por exemplo, eliminar subsídios para alimentos que são impostos de fora por meio de um acordo entre a elite dominante e uma agência internacional provavelmente não irá ajudar a se chegar a um consenso e, dessa forma, a promover transformação bem-sucedida. Portanto, se processos para formulação de políticas precisam ser "democratizados", então também devem ser as condicionalidades; o que implica dizer que a população pobre também deveria estar envolvida na determinação de condicionalidades.

Em busca de diálogo e engajamento mútuo

Um passo essencial no tratamento e enfrentamento da assimetria nas relações de assistência, causada pelo fato de que intervenções para o desenvolvimento são financiadas pelos provedores e não pelos recebedores, é o fortalecimento da voz dos países recebedores nos debates sobre políticas de ajuda. Um cor-

Cooperação e desenvolvimento humano

respondente no Sul para o Comitê de Ajuda para o Desenvolvimento da OECD poderia oferecer uma forma vital de equilibrar a relação entre doador e recebedor. O Sul precisa de capacidades mais coordenadas e sofisticadas para as negociações sobre ajuda para o desenvolvimento. Acima de tudo, a consulta a países recebedores não deve envolver apenas o governo, mas também ir mais a fundo na sociedade e se engajar com todos os interessados. O estabelecimento de fóruns nacionais para todos os interessados fortaleceria ainda mais a responsabilização local nos países recebedores e assim ofereceria uma alternativa para o mecanismo de condicionalidade. Entretanto, esse arranjo nem sempre é possível ou realizável. As peculiaridades de governança e as diferenças culturais podem tornar tal abordagem estranha e inacessível.

O emprego de um processo participativo que permita a todas as partes expressar seus interesses em um diálogo justo é também crucial para a oferta de bens públicos (nacionais ou globais), tais como ar puro, combate à ameaça de aquecimento global e ao avanço do HIV/AIDS etc., para os quais o mercado por si só não contribuiria. As políticas de cooperação para o desenvolvimento precisam ser avaliadas sob a lente desses bens públicos, que são vitais para o bem-estar das pessoas. Sua oferta insuficiente pode destruir, do dia para a noite, anos de esforços para o desenvolvimento, como, por exemplo, por meio de crises financeiras ou do avanço da AIDS, que podem dilapidar as melhorias em expectativa de vida, educação, agricultura e comércio. Como forma de facilitar ligações maiores entre formulação interna de políticas e cooperação internacional, é importante que as organizações da sociedade civil tornem-se sistematicamente mais envolvidas, uma vez que, por definição, os bens públicos estão sujeitos à falência do mercado e de governos (Kaul & Ryu, 2001). A oferta adequada de bens públicos é essencial para a efetividade da assistência e para a redução da pobreza e estimula um processo participativo em que todos os grupos, in-

Carlos Lopes

cluindo sociedade civil, mulheres, a população pobre e o setor privado, expressem seus anseios.

Estratégias para desenvolvimento sustentável

Ao longo da última década, a percepção de uma estratégia evoluiu de um único plano de base para um conjunto de processos coordenados que oferecem um sistema participativo para o desenvolvimento de visões, objetivos e metas e para a implementação e revisão coordenadas. Alcançar desenvolvimento sustentável não é uma iniciativa única e isolada; requer um processo participativo continuado que envolva monitoramento, aprendizado e melhoramento constantes. As Estratégias Nacionais de Desenvolvimento Sustentável (ENDSs) requerem mecanismos coordenados e processos participativos (UNDP/OECD, 2002).

Embora não haja projetos e cada estratégia nacional deva ser estruturada para satisfazer suas próprias necessidades, há princípios e elementos comuns que sustentam ENDSs efetivas. Os princípios-chave para as estratégias de desenvolvimento sustentável que foram endossados pelo Comitê de Ajuda para o Desenvolvimento em suas diretrizes para políticas relativas a estratégias ao desenvolvimento sustentável são (OECD/CAD, 2001d):

- abordagens centradas nas pessoas;
- consenso em uma visão de longo prazo;
- estratégias compreensivas e integradas;
- enfoques que apontam prioridades orçamentárias claras;
- abordagens baseadas em análise compreensiva e confiável;
- manobras que incorporem monitoramento, aprendizagem e melhoria;
- processos conduzidos pelo país e apropriados nacionalmente;
- alto nível de comprometimento do governo e de instituições com capacidade de influência;
- abordagens construídas sobre mecanismos e estratégias existentes;

Cooperação e desenvolvimento humano

- participação efetiva;
- ligação entre os níveis local e nacional;
- abordagens que se apóiam na capacidade existente;
- mecanismos que incorporam gestão de conflitos e negociação efetivos.

Tais princípios são pertinentes e deveriam ser considerados na elaboração de estratégias para o desenvolvimento sustentável de capacidades.

Além disso, é preciso também que arcabouços institucionais propícios sejam devidamente apresentados para auxiliar e apoiar a tomada de decisões, ou seja, para empreender e coordenar o amplo escopo das decisões sobre estratégias e para aplicar os princípios de sustentabilidade a elas.

Há dois grupos principais de agentes que estão envolvidos no processo de tomada de decisões e o desafio é fortalecer a relação entre os dois. De um lado, estão *os que concebem*, que são grupos de indivíduos profissional e tecnicamente experientes cujo papel é, em geral, de aconselhamento. A maior parte dessas organizações está baseada nacional ou localmente, mas há outras externas, como bancos internacionais, agências de ajuda multinacional, doadores bilaterais e ONGs internacionais. Os desenvolvedores de decisão são responsáveis por refletir e coordenar as necessidades e aspirações de toda a gama de grupos de interesse legítimos.

De outro lado, estão os *tomadores de decisão*, que englobam os governos central e legal, políticos e membros dos conselhos de grandes companhias nacionais e multinacionais. Os tomadores de decisão assumem responsabilidade final pelas decisões tomadas, bem como por acompanhar os impactos dessas decisões.

Alcançar um arcabouço institucional favorável exige ainda que algumas iniciativas sejam tomadas. É necessário, por exemplo, o estabelecimento de estruturas compostas pelos vários interessados que funcionem por longo prazo como instrumento para exame, desenvolvimento e esclarecimento normativo dos valores e procedimentos a ser considerados na tomada de decisões. Além disso, é importante que sejam oferecidos seminários facilitados, que sirvam como ferramentas para se chegar às decisões. Deve-se manter em mente, entretanto, que tais seminários são meios para se chegar a decisões e não formas de predeterminá-las. A estrutura institucional favorável também exige a busca de um consenso total ou parcial. Os processos de consenso são integrais para a maior parte das decisões de estratégias. Eles são uma base valiosa para o acordo e para se construir entendimento, confiança e compromisso. Ademais, é preciso desenvolver diretrizes para a negociação de resultados sustentáveis, que é particularmente importante ao se determinar metas descentralizadas. Todos os interessados relevantes devem ser envolvidos por meio do uso de procedimentos de negociação reconhecidos que enfoquem direitos e riscos. A resolução de conflitos, particularmente no nível local, é essencial.

Por fim, para se chegar a um arcabouço institucional favorável é necessário adotar uma abordagem progressiva, evolucionária, voltada para o alcance da coerência, consistência e coordenação entre políticas setoriais e procedimentos dominantes dedicados às necessidades de desenvolvimento sustentável.

Existem diversas formas para avaliar o progresso de uma comunidade rumo à sustentabilidade. Em 1996, no Fórum de Bellagio para Desenvolvimento Sustentável, um grupo internacional de técnicos e pesquisadores em mensuração apresentou um conjunto de princípios para determinar tal progresso.

De fato, como ficou evidenciado nas discussões por ocasião da Cúpula Mundial sobre Desenvolvimento Sustentável em Johannesburgo, em 2002, o desenvolvimento só é sustentável quando considerado em uma perspectiva multidimensional, que integre preocupações ambientais, socioeconômicas e políticas, tornando-se assim uma estratégia para a redução efetiva da

Cooperação e desenvolvimento humano

pobreza. A participação ampla de todos os setores da sociedade nesse processo, ademais, assegura a existência de eqüidade no que diz respeito ao que é produzido, de um ponto de vista social e econômico. Para que tal noção de eqüidade se torne sustentável, então mecanismos de governança são necessários a fim de assegurar que os ganhos alcancem a todos e que as instituições evoluam para maximizar as escolhas das pessoas, reduzindo a insegurança gerada por instituições fracas.

É nesse sentido que se entende o desenvolvimento de capacidades como elemento crucial para a redução da pobreza e para alcançar os Objetivos de Desenvolvimento do Milênio. Sabemos o que saiu errado nas práticas de desenvolvimento das últimas décadas e a única forma de evitar que os mesmos erros sejam repetidos é capacitando comunidades locais para responder aos novos desafios. A construção de capacidades emerge, assim, como instrumento para lidar com níveis de pobreza e redução de recursos ao oferecer condições para que esses recursos sejam usados de forma mais eficiente e efetiva (Lopes, 2002).

Migração e fuga de cérebros

A migração e sua regulação se tornaram um assunto de grande interesse, como demonstra a recente reunião do Conselho Europeu em Sevilha. Em razão do rápido progresso tecnológico, especialmente em áreas como transporte, telecomunicações e instrumentos financeiros, um número crescente de pessoas se desloca dentro de seus países e cruza fronteiras em busca de melhores oportunidades de emprego e qualidade de vida superior. Assim, em 2000, o número de migrantes internacionais foi estimado em 150 milhões, o dobro do total estimado em 1965 – 75 milhões (OIM, 2000).

Enquanto a livre circulação de bens, serviços e capital é universalmente aceita como meio para a promoção do crescimento e desenvolvimento, a livre circulação de mão-de-obra encontra

Carlos Lopes

várias restrições sociais, o que coloca ministérios do desenvolvimento e do trabalho contra ministérios do interior, e desperta a preocupação de políticos na maior parte dos países industrializados.

Em muitos países da União Européia que lutam para acomodar o fluxo legal e ilegal de imigrantes e refugiados, a imigração se transformou em um assunto eleitoral crucial. Muitos culpam o fluxo de imigrantes de sobrecarregar as capacidades dos países recebedores e de privar os estudantes locais de vagas nas melhores escolas. Além disso, a imigração também tem sido associada com a percepção de crime e terrorismo crescentes.

Há aqueles imigrantes, entretanto, os altamente qualificados e educados, que são buscados e bem recebidos em todo o planeta, tendência que é amplificada pela economia global baseada em conhecimento e cada vez mais dependente de habilidades científicas e tecnológicas. A escassez de pessoal qualificado em ciência e tecnologia provocou uma competição entre os países desenvolvidos para atrair trabalhadores do exterior. Além dos Estados Unidos, que aumentaram o limite máximo para seus vistos H-1B (visto temporário destinado a profissionais estrangeiros que lhes permite trabalhar nos Estados Unidos por até seis anos), os países da União Européia, cujas leis de imigração historicamente repelem imigrantes, estão agora relaxando-as e adaptando-as ao modelo americano ou canadense. Hoje, a Alemanha oferece 20 mil *green cards* para trabalhadores de *software*; a Irlanda se propõe a trazer 32 mil até 2005; a França quer 10 mil; a Itália precisa de 8 mil; o Japão busca 30 mil trabalhadores em tecnologia da informação na Índia, até 2005; e a República da Coréia, outros 10 mil.

Em resposta a isso, nos Estados Unidos, considerado o país mais bem-sucedido em atrair cérebros do exterior, o número de admissões para o visto H-1B elevou-se de 106 mil em 1994 para 240 mil em 1998 (OECD, 2001a). Na Austrália, da mesma forma, o número de imigrantes admitidos pelo Programa de Resi-

Cooperação e desenvolvimento humano

dentes Qualificados Temporários aumentou entre 1992 e 1998 de 15 mil para 37 mil.

Migração vista pelo outro extremo

Examinada por outro lado, a migração de trabalhadores altamente qualificados indica, para os países em desenvolvimento, uma significativa fuga de cérebros e aumenta as preocupações com respeito ao desenvolvimento de capacidades.

Acredita-se que até um terço dos profissionais de pesquisa e desenvolvimento do mundo em desenvolvimento resida na área da OECD.

- Estima-se que 300 mil profissionais do continente africano, onde as capacidades são particularmente escassas, vivam e trabalhem na Europa e América do Norte.
- Mais de 60% dos imigrantes do Egito, Gana e África do Sul, que são responsáveis pelos maiores fluxos da África para os Estados Unidos, têm nível superior (Carrington, 1998).
- Mais de 75% dos imigrantes indianos têm educação superior (ibidem).
- Cerca de 30% dos graduados na turma de 1998 do Instituto Indiano de Tecnologia e espantosos 80% dos graduados em ciência da computação deixaram seu país em função de cursos de pós-graduação ou de empregos nos Estados Unidos (Devan & Tewari, 2001).
- Na América do Sul, a Guiana, o país com a maior fuga de cérebros, perde 70% dos cidadãos com nível superior.

Confrontamos, portanto, um paradoxo entre "dar e tirar": de um lado, a comunidade internacional investe bilhões no desenvolvimento de capacidades no Sul, enquanto, de outro lado, essas mesmas habilidades acabam sendo utilizadas no Norte (em alguns casos, como especialistas em ciência e tecnologia em posições extremamente bem remuneradas e em outros, com menor sorte, como motoristas de táxi em cidades como Londres, Paris e Nova York). De um lado, investe-se em construção de capacidades, enquanto, de outro, essas poucas capacidades que os países em desenvolvimento geram são perdidas de forma lastimável.

Surgem as seguintes questões:

- Qual é o impacto dos grandes fluxos de cidadãos qualificados para o desenvolvimento econômico e social dos países de onde eles provêm e, em particular, o que significa para esses países o desenvolvimento de capacidades?
- Qual é a dinâmica desse processo e como se pode converter a fuga de trabalhadores qualificados em ganho também para os países de origem?

No intuito de avaliar o impacto da fuga de cérebros, olhemos primeiramente alguns dos fundamentos do desenvolvimento de capacidades. Quais são as forças que possibilitam um desenvolvimento de capacidades bem-sucedido e quais os fatores que o entravam?

Prudente em relação aos velhos erros e às mudanças contextuais, a atual retórica do desenvolvimento exige uma nova definição de desenvolvimento como transformação social, para a qual o conceito de desenvolvimento de capacidades é central (ver capítulo 2). Como tal, o processo de desenvolvimento está destinado a alimentar processos gerados nacionalmente, baseando-se na riqueza do conhecimento local e expandindo as capacidades humanas e institucionais locais, em contraposição às práticas anteriores de "dar de bandeja" e de ilhas institucionais. Estímulos certos, apropriação local, reforma do serviço público e compartilhamento de conhecimento surgem como propulsores centrais do desenvolvimento de capacidades.

A apropriação local de atividades para o desenvolvimento é o pilar do desenvolvimento de capacidades sustentável e nacional. O objetivo da apropriação local é estimular a auto-estima como base da liderança e autodeterminação de agentes, e não

Cooperação e desenvolvimento humano

pode ser alcançada sem os estímulos e o equilíbrio de poder certos. As abordagens atuais, ao passo que crescentemente reconhecem a importância da apropriação, não extrapolam o suficiente para aceitar suas dimensões-chave, quais sejam auto-estima e equilíbrio de poder (ver capítulo 3).

Respostas à fuga de cérebros

O contexto em que o desenvolvimento ocorre foi dramaticamente alterado desde seu início. Em um tempo em que a era industrial está abrindo caminho para a era das redes, as transformações tecnológicas e a crescente globalização econômica, criam-se novas ligações, redes e alianças que mudam a topografia do conhecimento. Reduções dos custos de transporte e comunicação oferecem acesso sem precedentes à informação e levam a formas de organização industrial que facilitam a transferência de tecnologia além das fronteiras. Isso cria novos foros para o desenvolvimento de capacidades e respostas à fuga de cérebros, permitindo a utilização das habilidades dos imigrantes do exterior por meio de redes de diáspora. A principal mudança necessária é o ajuste de estratégias para fazer uso das diásporas de trabalhadores qualificados, o que requer uma nova abordagem sobre a aquisição do conhecimento. Isto é, o conhecimento deve ser agrupado, analisado, modificado, desmontado e recombinado para se adaptar às necessidades locais, enquanto se apóia no conhecimento contextual existente.

A crescente migração internacional de profissionais altamente qualificados, física ou virtual, é provocada por fatores demográficos e tecnológicos, tanto em países em desenvolvimento quanto em países desenvolvidos, tais como: a internacionalização da ciência e a globalização do conhecimento; a escassez de pessoal altamente qualificado e educado; e a ausência de oportunidades para sua realização pessoal nos países de origem, traduzida em instalações de pesquisa inferiores, baixos salários, limitação dos mercados de trabalho locais para absorver esses trabalhadores altamente qualificados, segurança e instabilidade política.

O debate sobre fuga de cérebros data do início dos anos 1960. Até o fim dos anos 1980, o problema era tratado por políticas que envolviam a aplicação de contramedidas para restringir os fluxos de profissionais altamente qualificados dos países em desenvolvimento ou cancelar seus efeitos negativos por meio de taxação. Medidas de políticas restritivas e compensatórias foram formuladas para prevenir a perda de cérebros, mas tiveram limitado sucesso, uma vez que não lidavam com os fatores impulsionadores e, como tais, não provocavam uma suspensão permanente da migração.

Hoje, grande ênfase é dada a abordagens sobre *ganho* de cérebros, em contraposição à *fuga*, seguindo a idéia de que a população qualificada expatriada é (ou poderia ser) um ativo potencial e não uma perda definitiva. A questão não é mais sobre como a emigração qualificada pode ser reduzida, mas como a fuga pode ser transformada em ganho. Como a migração pode contribuir para esforços de desenvolvimento, em vez de esgotá-los, e como o desenvolvimento pode auxiliar a reter os traços benéficos da migração e canalizá-los para o desenvolvimento dos países de origem?

Tem-se reconhecido recentemente que a migração de profissionais altamente qualificados possui externalidades positivas importantes para os países de origem, bem como para os países recebedores, tais como remessas e capital de risco, oportunidades de exportação para tecnologia, fluxos de conhecimento e colaboração, migração de regresso com educação estrangeira, valiosa experiência de gestão, laços fortalecidos com instituições de pesquisa estrangeiras e acesso a redes globais (ver Anexo 6, p.207). Por exemplo, os profissionais indianos nos Estados Unidos são os principais propulsores de fluxos de conhecimento e de capital para a Índia, apoiados pelo governo indiano

Cooperação e desenvolvimento humano

por meio de regras legislativas e fiscais que encorajam remessas e investimentos dos expatriados.

Além disso, acredita-se que a migração qualificada tem alguns efeitos positivos em termos de capital humano, como ilustrado pela Índia e pelas Filipinas, ambas especializadas (por assim dizer) em exportação de mão-de-obra qualificada. A perspectiva de obter emprego com melhor remuneração no exterior aumentou os estímulos para que os cidadãos nativos procurassem educação superior e, assim, elevou o número de trabalhadores qualificados no país de origem. Aparentemente, também aumentou o regresso esperado dos investimentos privados em educação e o retorno econômico local para as habilidades (OECD, 2001a).

Isso não implica dizer, entretanto, que o impacto da fuga de cérebros é positivo entre os setores e especialmente entre os países. Um caso comparável ao das Filipinas, por exemplo, é o da Jamaica. Ambos exportam enfermeiras, mas infelizmente a Jamaica não conseguia suprir sua própria demanda e passou a recrutar enfermeiras cubanas com pouco sucesso em diminuir a escassez. Determinar até que ponto há um *ganho* e não uma *fuga* depende largamente da utilização bem-sucedida do potencial de redes de diáspora e do conhecimento e experiência dos emigrantes que retornam e, em última instância, depende de combates vitoriosos aos fatores propulsores que tornam a emigração atraente em primeiro lugar.

Esforços e incentivos para persuadir expatriados altamente qualificados a regressar a seus países de origem foram implementados pela primeira vez nos anos 1970. A dura realidade é que apenas alguns países conseguiram atrair seus emigrantes qualificados de volta. Os esforços para encorajar emigração de regresso não são muito bem-sucedidos em países que não podem oferecer salários e infra-estruturas comparáveis àquelas encontradas nos países recebedores. Na Bulgária, por exemplo, apenas 20% dos emigrantes retornam, e não se acredita que eles sejam "agentes de modernização". A implementação efetiva é vista em essência nos países industrializados como Canadá, Austrália, Alemanha etc., e em países recentemente industrializados, como Índia, Coréia do Sul, Cingapura e China (Meyer et al., 1997).

Os estímulos formulados para manter os profissionais altamente qualificados em seus países de origem ou para atrair os imigrantes qualificados de volta precisam se coadunar com políticas e condições estruturais que promovam o desenvolvimento econômico e que, por meio deste, reduzam os incentivos para a emigração. Tais políticas incluem o investimento em infra-estrutura física, o acesso maior e mais amplo do público à educação, melhor saúde pública e operações sólidas de instituições legais e regulatórias que apóiem o desenvolvimento e o funcionamento adequado dos mercados (Coppel et al., 2001).

Diásporas de ciência e tecnologia constituem um enorme potencial de recursos adicionais para os países em desenvolvimento. Iniciativas sociais na África do Sul e América Latina foram implementadas para ligar os pesquisadores do exterior a redes em seus países de origem. Ao todo, quarenta e uma redes de conhecimento de expatriados foram identificadas no mundo, e estas estão ligadas a 30 países diferentes e a duas regiões do mundo, algumas das quais têm mais que uma rede (Brown, 2003). Quatro categorias podem ser distintas: redes de estudantes e acadêmicos; associações locais de expatriados qualificados; fundo de assistência de especialistas por meio do programa de Transferência de Conhecimento por Expatriados Nacionais (TOKTEN, sigla em inglês para *Transfer of Knowledge Through Expatriate Nationals*) do PNUD; desenvolvimento de redes de diáspora intelectual/científica (Brown, 2003).

As redes de conhecimento dos expatriados apelam para a lealdade e o compromisso dos expatriados altamente qualificados com o país de origem, mas o apoio nacional e internacional pode ser um importante catalisador. Como forma de fazer com que tais redes funcionem de maneira adequada, é importante

Cooperação e desenvolvimento humano

que haja: um sistema efetivo de comunicação (por exemplo, acesso à internet) para facilitar a transferência e troca de informações entre a rede e o país de origem; um esquema de incentivo que assegure o compromisso continuado de membros da rede com esta e, por fim, sua sustentabilidade; e apoio institucional dos governos e outras instituições no país de origem para auxiliar a geração de projetos e atividades.

A Rede Sul-Africana de Habilidades no Exterior (SANSA, sigla em inglês para *South African Network of Skills Abroad*) é um bom exemplo de rede de conhecimentos que oferece uma ligação vital entre emigrantes qualificados e especialistas e projetos locais. Informação sobre a qualificação e localização dos sul-africanos residentes no exterior que estão dispostos a participar em desenvolvimento local é armazenada em uma base de dados e pode ser facilmente acessada. Cidadãos residentes no exterior participam de pesquisas conjuntas com seus pares sul-africanos, iniciam projetos comerciais, oferecem suporte na transferência de tecnologia para instituições sul-africanas e transmitem pesquisas não disponíveis localmente, recebem estudantes sul-africanos em programas de treinamento e facilitam contatos de negócios.

Acredita-se que a mobilidade internacional dos profissionais altamente qualificados contribui para melhores fluxos internacionais de conhecimento e para a formação de pesquisa internacional e grupos de tecnologia. Benefícios adicionais, de um ponto de vista global, acham-se em maiores oportunidades para combinações de empregos: de um lado, os empregadores encontram conjuntos de habilidades únicos, enquanto, por outro lado, os trabalhadores deparam-se com ambientes de trabalho muito interessantes. E, sobretudo, a competição internacional por recursos humanos escassos tem efeitos em rede positivos sob a forma de estímulos para investimentos em capital humano individuais. Os benefícios para os países recebedores parecem ser ainda mais óbvios, como ilustrado pelo exemplo dos

Estados Unidos e de outros países da OECD, que hoje competem intensamente pelos melhores cérebros do mundo.

O impacto social e econômico da fuga de cérebros para os países emissores, apesar de demonstrar potencial afirmativo, não é, de forma alguma, sempre positivo. A importância crucial do capital humano no que diz respeito ao desenvolvimento de capacidades institucional apresenta uma preocupação fundamental em relação à fuga de cérebros, cujas conseqüências mais prejudiciais, no fim das contas, estão não tanto no que concerne a recursos humanos, mas sim no desenvolvimento institucional do país de origem (Kapur, 2001).

Enquanto se constata que os fluxos dos profissionais altamente qualificados não necessariamente representam fuga em certas situações e têm, de fato, efeitos tecnológicos e sociais positivos em alguns países de destaque, muito mais precisa ser feito para que um ganho líquido exista na maior parte do mundo em desenvolvimento e, em particular, nos países menos desenvolvidos.

Para tanto, é preciso enfrentar os desafios mencionados no Quadro 6, a seguir.

Quadro 6 – Desafios da migração

– Desafios para os países de origem dos emigrantes:
- monitorar a emigração;
- reduzir fatores propulsores e ainda transformá-los em fatores que estimulem a migração de regresso;
- estimular e assistir a migração de regresso;
- criar incentivos para investimentos de retorno e remessas;
- identificação e motivação de profissionais emigrantes para se juntarem a redes de diáspora, criação de bancos de dados de profissionais no exterior, integração dos membros da diáspora em programas e abordagens de desenvolvimento de capacidades.

Cooperação e desenvolvimento humano

continuação

– Desafios para os países que recebem imigrantes:
- desencorajar migração permanente;
- identificar fluxos de alto risco e restringir leis de imigração.

– Desafios para as agências de desenvolvimento:
- formular mecanismos para capturar e capitalizar as externalidades positivas da migração internacional de profissionais altamente qualificados;
- fortalecer a capacidade nacional para monitorar, avaliar e responder à imigração de mão-de-obra altamente qualificada;
- estimular fluxos de renda e investimento de volta ao país de origem e melhorar os mecanismos e canais existentes para remessas (como, por exemplo, reduzir os custos de transmissão e aumentar a acessibilidade);
- canalizar fluxos de renda no sentido contrário, com vistas ao desenvolvimento da comunidade;
- responder ao número crescente de matrículas em escolas para profissões tradicionalmente associadas à migração: há um risco de sobrecarregar um setor (por exemplo, o setor de tecnologia da informação) e, assim, retirar talentos de outras áreas importantes de desenvolvimento;
- estabelecer acordos de cooperação entre os países de origem e os de destino.

Como forma de prevenir a proverbial doação com uma mão e retirada com a outra, os programas de desenvolvimento e as políticas de migração que enfrentam o problema de capacidades nacionais escassas precisam trabalhar conjuntamente com vistas a fortalecer as habilidades existentes e transformar *fuga* em *ganho*. Políticas que promovem o desenvolvimento econômico e que tratam de incentivos ao mercado de trabalho nos países de origem são as melhores respostas de longo prazo para o problema da fuga de cérebros. Preparar condições para a inovação e o empreendedorismo em alta tecnologia pode tornar um país atraente tanto para os trabalhadores altamente qualificados no exterior, que podem assim considerá-lo desejável, quanto para os emigrantes em potencial, que não mais terão os fatores propulsores para deixar seu país.

Desenvolvimento de capacidades e negociações comerciais

A construção de capacidades tem, cada vez mais, assumido um papel central nos esforços de desenvolvimento. Nas discussões sobre o aumento da distância entre os países mais ricos e os mais pobres, é dada atenção especial à importância do assim chamado "déficit de capacidades", especialmente pertinentes ao comércio. Como resultado do déficit de capacidades, os países desenvolvidos gozam de poder de barganha e competência muito superiores, quando comparados aos países em desenvolvimento e, assim, moldam de forma cruel as negociações comerciais internacionais em seu benefício. Os países em desenvolvimento, por outro lado, não apenas têm um déficit de capacidades para implementar as obrigações comerciais, mas também para negociar acordos internacionais.

O quadro se mostra ainda pior quando se percebe que o déficit de capacidades está aumentando, e não diminuindo. Mesmo antes de os países em desenvolvimento serem capazes de ajustar e de lidar com compromissos comerciais, novas questões se acrescentam à agenda de negociações. As prioridades oferecidas pela assistência técnica dos países desenvolvidos são guiadas pelos doadores e, como tal, altamente ineficazes. Acredita-se que os esforços de construção de capacidades, inadequados e insuficientes, oferecidos pelos países industrializados são auto-realizáveis. Isto é, os países desenvolvidos regularmente utilizam a oferta de assistência técnica como meio para persuadir os países em desenvolvimento a se adaptarem à sua agenda.

Cooperação e desenvolvimento humano

Assim, os países em desenvolvimento são convencidos a aceitar uma agenda comercial estendida com a promessa de que lhes será oferecida assistência técnica para lidar com os problemas apresentados pela nova situação. Isso significa dizer, contradizendo os objetivos expressos, que a construção de capacidades relativas a comércio, em vez de remediar a deficiência de capacidades, se transforma em um instrumento para influenciar a política de comércio internacional e, dessa forma, mais uma vez promover os interesses dos "construtores de capacidade", ou seja, dos países desenvolvidos, que são os que oferecem os fundos e os especialistas técnicos em programas de assistência técnica.

Construção de capacidades relacionadas ao comércio

O déficit de capacidade dos países em desenvolvimento para negociar acordos comerciais e para cumprir com suas obrigações no âmbito do Sistema de Comércio Multilateral é vastamente reconhecido hoje e representa a base fundamental para a construção de capacidades relacionadas ao comércio. Sem o fortalecimento da negociação comercial e do potencial de implementação, os países em desenvolvimento enfrentam marginalização ainda maior. Acima de tudo, a construção de habilidades relacionadas ao comércio nos países em desenvolvimento é importante para melhorar e manter a legitimidade da OMC. Nenhum sistema pode se sustentar sem um mínimo de confiança por parte daqueles que deveriam se beneficiar dele.

Nos anos iniciais da OMC, a conformidade com os requerimentos e obrigações dos URAs (Uruguay Round Agreements) era percebida como a questão mais urgente em termos do déficit de capacidades existente e, em conseqüência, a construção de capacidades relacionadas ao comércio foi concebida estritamente em termos de conformidade, isto é, o objetivo desse tipo de construção de capacidade era principalmente assistir os países em desenvolvimento para que acedessem às suas obrigações no âmbito dos acordos comerciais e das crescentes demandas do sistema de comércio multilateral. Os assim chamados "requerimentos de notificação" foram criados para permitir à OMC monitorar até que ponto os membros estavam cumprindo com suas obrigações. Havia ao todo 215 obrigações de notificação.

No princípio, a maior parte dos programas de assistência técnica assumiu a forma de cursos rápidos oferecidos pela OMC, UNCTAD e pelo Centro de Comércio Internacional (CCI). Participaram desses cursos principalmente burocratas e oficiais de comércio dos países em desenvolvimento. Cursos mais longos, de seis meses, envolveram visitas aos países da OECD, onde os participantes puderam observar a forma como as coisas eram feitas nos países industrializados. Entretanto, houve várias dificuldades em se aplicar o conhecimento nos países de origem, tais como a falta de habilidades administrativas e ausência geral de infra-estrutura social e financeira.

Evidentemente, esses cursos, informativos por natureza, não conseguiram nada além de aumentar o conhecimento individual de cada participante e falharam em auxiliar a construção de capacidade infra-estrutural nos países em desenvolvimento. Com o objetivo de aumentar a consciência dos participantes sobre as obrigações de seus países, tais seminários para a construção de capacidades serviram, na realidade, aos interesses dos países industrializados, mais do que aos interesses dos países em desenvolvimento, e foram meramente exercícios formalísticos, com o objetivo de produzir a impressão de que alguma coisa estava sendo feita para oferecer a construção de capacidades aos países em desenvolvimento.

Pelo exposto, fica evidente que o problema do "déficit de capacidades" não está apenas na escassez de capacidades dos países em desenvolvimento para implementar suas obrigações e enfrentar as restrições de oferta. Há déficit de capacidades também dentro dos países industrializados, e mesmo falta de von-

Cooperação e desenvolvimento humano

tade, para oferecer aos países em desenvolvimento condições de paridade em termos de negociações comerciais e, portanto, para permitir que eles usufruam as vantagens do sistema de comércio multilateral.

O que os países em desenvolvimento precisam é de potencial para se engajar de maneira pró-ativa em futuras negociações comerciais, mais do que esperar pelos países industrializados para ditar a agenda e oferecer apoio à implementação de obrigações impostas. A consciência crescente das iniquidades do sistema e as limitações e a inaptidão da OMC para oferecer apoio com capacidades suficientes levou os embaixadores de países em desenvolvimento baseados em Genebra e organizações intergovernamentais e ONGs do Terceiro Mundo (tais como a Rede do Terceiro Mundo – *Third World Network* – e o Southern and Eastern African Trade Infrastructure and Negotiation Initiative SEATINI) a tratar da questão eles mesmos. Assim, os países em desenvolvimento gradualmente construíram autoconfiança coletiva em relação à análise comercial e à preparação para negociação, enquanto a OMC permanecia presa a seu paradigma de oferecer construção de capacidade com vistas a capacitar os países em desenvolvimento para se adequarem e adaptarem às demandas do sistema de negociação da OMC.

Anteriormente à reunião ministerial em Seattle, os países em desenvolvimento foram bem-sucedidos em preparar sua própria "agenda positiva" e uma lista de mais de duzentas questões remanescentes de Marrakesh e Cingapura, que precisavam ser implementadas. A controvérsia entre as "questões de implementação" e a "nova rodada" tornou-se central em debates sobre assistência técnica antes da reunião ministerial. Entretanto, durante o evento em Seattle, todas as vezes em que uma questão de implementação era levantada, o presidente da mesa a convertia em um assunto de assistência técnica, transformando assim a construção de capacidades mais uma vez em ferramenta para assegurar a aceitação dos países em desenvolvimento.

Cada vez mais ficava claro que assistência técnica limitada a questões de conformidade não era o suficiente, especialmente para os países menos desenvolvidos. Em 1997, na Reunião de Alto Nível para os países menos desenvolvidos, organizada pela OMC, uma decisão fez com que seis agências, quais sejam, CCI, FMI, UNCTAD, PNUD, Banco Mundial e OMC, assumissem responsabilidade conjunta para a implementação de um marco integrado para a execução de assistência técnica relacionada a comércio nos países menos desenvolvidos. O objetivo da iniciativa de um marco integrado era coordenar atividades de construção de capacidades relacionadas ao comércio das agências multilaterais e dos financiadores bilaterais, nos países menos desenvolvidos, e canalizar esses esforços em programas de redução da pobreza.

Durante a experiência de três anos, exercícios de avaliação de necessidades foram completados em 40 dos 49 países menos desenvolvidos. Cinco mesas-redondas em seguimento aos exercícios de avaliação de necessidades foram feitas em Bangladesh, Gâmbia, Haiti, Tanzânia e Uganda com "resultados decepcionantes" (OMC, 2001a). Uma avaliação oficial do marco integrado também concluiu que ele não conseguiu gerar apropriação dos países e cooperação interministerial (Rajapathirana et al., 2000). Ele também prescindiu de apoio suficiente das agências multilaterais e permaneceu como um mandato largamente infundado. O relatório recomendou a melhoria do marco integrado por meio da "priorização da estrutura geral da assistência para o desenvolvimento e vinculação a ela" (World Bank, 2002).

De forma crescente, o comércio era visto como uma parte da estrutura mais ampla da redução da pobreza. No encontro dos diretores do CCI, UNCTAD, PNUD e OMC, em 26 de junho de 2002, o comércio foi descrito como "a melhor maneira de enfrentar a pobreza mundial" e que "em seu âmago" estaria o marco integrado (UNCTAD, 2002). O DFID e a OECD definiram a

Cooperação e desenvolvimento humano

construção de capacidades relacionadas ao comércio como um conjunto coerente de atividades dos países doadores e parceiros formulado para melhorar a *performance* comercial por meio de políticas e fortalecimento institucional, como parte de uma abordagem completa para alcançar os objetivos gerais de desenvolvimento de um país e as estratégias de redução da pobreza (OECD, 2001b).

Outra iniciativa tomada pelas principais agências foi o Programa Conjunto de Assistência Técnica Integrada (PCATI), que visava inicialmente quatro países menos desenvolvidos e quatro países em desenvolvimento. Os objetivos do PCATI eram os seguintes:

- desenvolver a capacidade nacional para entender e gerenciar os acordos da OMC;
- fortalecer políticas comerciais e de exportação e capacidades de negociação;
- melhorar os mecanismos institucionais para executar os acordos da OMC;
- desenvolver respostas pelo lado da oferta para oportunidades do sistema de comércio multilateral;
- aperfeiçoar o acesso a serviços de exportação e a ferramentas de *performance*.

Como o marco integrado, entretanto, o PCATI não foi tão bem-sucedido quanto esperado. Uma avaliação independente realizada em 2000 apontou a excessiva centralização da tomada de decisões em Genebra como a principal razão para seu desempenho deficiente.

Na reunião ministerial em Doha, em novembro de 2001, os países industrializados conseguiram recuperar o controle sobre processos que tinham sido perdidos em Seattle em razão do trabalho maciço de relações públicas, de seminários pré-Doha e da manipulação habilidosa dos processos na própria reunião em Doha. A promessa por assistência técnica de novo se tornou um caminho para assegurar o consenso dos ministros dos países em desenvolvimento em torno de um novo programa conhecido como a "rodada do desenvolvimento". As chamadas questões de Cingapura de políticas de investimento, políticas de competição, licitações governamentais e facilitação comercial foram fortemente confrontadas pela maioria dos países em desenvolvimento como itens para futura negociação. Entretanto, mais uma vez a aceitação dos países em desenvolvimento, especialmente os africanos, foi assegurada pela oferta de assistência técnica nessas questões. Assim, a assistência técnica assumiu mais uma vez o papel de uma ferramenta a qual assegura que, até a próxima reunião ministerial, os países industrializados estarão em posição para argumentar que tem sido dada substancial assistência técnica aos países em desenvolvimento.

No fornecimento de assistência técnica da declaração de Doha, a OMC voltou aos modelos do marco integrado e do PCATI para construção de capacidades, desconsiderando os problemas associados a eles, como revelado por avaliações independentes.

Desde Doha, tanto por razões altruístas como por questões de interesse próprio, os países doadores começaram a responder mais seriamente às exigências por construção de capacidades relacionadas ao comércio. Como forma de alcançar desenvolvimento sustentável nesse aspecto, entretanto, a construção de capacidades não deveria mais ser dirigida pelos países doadores e ignorar as necessidades e objetivos dos países em desenvolvimento.

Como aponta o estudo do PNUD (2002), a construção de capacidades não é um meio para algo mais, mas um fim em si mesma. Ela não pode ser reduzida à construção de habilidades individuais, mas deve também desenvolver instituições sustentáveis e estruturas sociais que apóiem e promovam capacidades individuais e institucionais (ver capítulo 2).

Cooperação e desenvolvimento humano

Aprimorar a capacidade negocial

A construção de capacidades relacionada a assuntos comerciais no âmbito do sistema dominante da OMC se revelou como um processo profundamente político. Os países industrializados, que oferecem fundos e especialistas, orientam o processo de assistência técnica com vistas aos seus próprios objetivos e cegos às necessidades e prioridades dos países em desenvolvimento. A construção de capacidades relacionadas ao comércio visa primeiramente assistir os países em desenvolvimento na realização das obrigações comerciais existentes, mais do que ajudá-los a usar comércio para alcançar seus objetivos rumo ao desenvolvimento. A participação dos países em desenvolvimento em futuras negociações comerciais torna-se dependente do fornecimento de certa quantidade de construção de capacidades relacionadas ao comércio, mais do que de uma avaliação independente sobre se a participação em tal rodada faz parte de seus interesses. O uso de "chantagem da assistência técnica" para assegurar que os países em desenvolvimento apóiem agendas definidas pelos países industrializados não é apenas contraproducente para reduzir o déficit de capacidades, mas também destrói a legitimidade do sistema e, assim, qualquer benefício de uma construção de capacidades relacionadas ao comércio melhorada será apenas efêmero.

A saída para os países em desenvolvimento deve ser assumir, eles mesmos, o processo do desenvolvimento de capacidades. Eles, e não os países financiadores, têm necessidade de liderar o processo. Os países menos desenvolvidos e os em desenvolvimento precisam urgentemente coordenar seus esforços na construção de capacidades relacionadas ao comércio e tornar-se mais pró-ativos em desenvolver posições coletivas e em se opor a agendas desfavoráveis determinadas pelos países industrializados. De recebedores passivos, os países em desenvolvimento devem assumir o papel pró-ativo de coordenadores da construção de capacidades relacionadas ao comércio. Sua maior participação, monitoramento e liderança em iniciativas como o marco integrado são vitais.

Os países em desenvolvimento devem tirar vantagem da profusão de ONGs e organizações da sociedade civil, a maior parte das quais compartilha da percepção geral desses países de que a OMC é um sistema injusto que precisa ser remodelado. Organizações intergovernamentais, tais como o Centro Sul (*South Centre*) e a ICTSD (*International Centre for Trade and Sustainable Development*) e ONGs como a Rede de Comércio da África, AIDC (*Alternative Information and Development Center*), IISD (*International Institute for Sustainable Development*), Enfoque no Sul Global (*Focus on the Global South*), a Aliança Social do Hemisfério (*Hemispheric Social Alliance*), Seatini, Rede do Terceiro Mundo e Centro de Comércio (*Trades Centre*), estão bem preparadas para oferecer construção de capacidades relacionadas ao comércio em suas áreas de especialidade. A participação da sociedade civil é vital para assegurar que a composição dos times de diagnóstico e de construção de capacidades e suas agendas de trabalho sejam transparentes e representativas de uma diversidade de setores. Tradicionalmente ignoradas, as universidades nacionais também devem desempenhar um papel mais importante no processo. Além disso, se o comércio competitivo é a chave para a redução da pobreza, então todos os envolvidos têm interesses e deveriam participar na formulação das políticas comerciais.

Glossário

APROPRIAÇÃO. (*"ownership"*). Direitos e responsabilidade que atores locais assumem em relação a uma determinada iniciativa, ainda que instituições de fora possam colaborar ou estar envolvidas. Para maiores informações, ver capítulo 3.

ASSISTÊNCIA OFICIAL PARA O DESENVOLVIMENTO (AOD). Conforme definição da OECD, trata-se de concessões ou empréstimos para países ou territórios em desenvolvimento que são tomados pelo setor oficial, com promoção de desenvolvimento econômico e tendo o bem-estar social como objetivo principal, e em termos financeiros condicionais. Além de fluxos financeiros, Cooperação Técnica (ver a seguir) está incluída nesta categoria de assistência. Excluem-se empréstimos, concessões e créditos com fins militares. O termo Assistência Oficial (AO) é normalmente usado, também conforme definição da OECD, para concessões ou empréstimos a países em transição do Leste Europeu e países mais avançados entre os países em desenvolvimento (veja lista completa de países para conceito em <http://www.oecd.org/dataoecd/35/9/2488552.pdf>).

COOPERAÇÃO TÉCNICA. Nos anos 1950 e 1960, a cooperação técnica foi formulada como um mecanismo de execução para transferência de tecnologia e aptidões humanas (redução do déficit) para países tomadores de empréstimos (redução do déficit, treinamento de profissionais dos países parceiros). Nos anos 1970 e 1980, cooperação técnica foi redefinida para dedicar maior atenção a conseqüências sustentáveis por meio de novas práticas inerentes a organizações formais que iriam durar até depois do fim da assistência. Em meados dos anos 1990, houve uma mudança convencional no propósito e metodologia da cooperação técnica. Ela passou a ser vista não como uma transferência, mas como processo mais amplo formulado para criar e disseminar conhecimento humano com resultados esperados de desenvolvimento em todos os níveis da sociedade. Cooperação Técnica inclui tanto concessões a pessoas de países receptores em termos de educação ou treinamento em seu país de origem ou no exterior, quanto pagamentos a consultores, professores e administradores que prestam serviços nos países receptores. Para maiores informações, ver capítulo 1.

EMPODERAMENTO (*"empowerment"*). Processo de aquisição de controle e compreensão acerca dos direitos por meio do qual é possível assumir a condição de agente. Trata-se do método de aumentar a capacidade de indivíduos ou grupos para tomar decisões e transformar aquelas escolhas em ações ou conseqüências desejadas. Em tal procedimento são cruciais as ações que tanto constroem ativos individuais e coletivos quanto melhoram a eficiência e eqüidade de um contexto organizacional e institucional que governa o uso desses ativos. As pessoas investidas de poder têm liberdade

Cooperação e desenvolvimento humano

de escolha e ação, o que lhes permite influenciar melhor o curso de suas vidas e as decisões que as afetam. Ver capítulo 3 para maiores informações.

OBJETIVOS DE DESENVOLVIMENTO DO MILÊNIO. Eles foram criados com a finalidade de comprometer a comunidade internacional com uma visão de desenvolvimento mais ampla, que promova o desenvolvimento humano efetivamente como chave para o progresso econômico e social sustentável em todos os países, e reconhecem a importância de se criar uma parceria global para o desenvolvimento. As metas foram consensualmente aceitas como arcabouço para medir o progresso rumo ao desenvolvimento. Os oito Objetivos de Desenvolvimento do Milênio são: 1) erradicar pobreza e fome extremas; 2) alcançar educação primária universal; 3) promover igualdade dos gêneros e empoderamento às mulheres; 4) reduzir a mortalidade infantil; 5) reduzir a mortalidade materna; 6) combater HIV/AIDS, malária e tuberculose; 7) assegurar sustentabilidade ambiental; e 8) desenvolver uma parceria global para o desenvolvimento. Metas específicas e prazos foram identificados para cada um dos ODM. Para maiores informações, ver capítulo 4.

PARTICIPAÇÃO. Participação é o processo pelo qual todos os interessados influenciam e compartilham controle sobre a definição de prioridades, formulação de políticas, alocação de recursos e acesso a bens e serviços públicos.

RESPONSABILIZAÇÃO (*"accountability"*)**.** Necessidade de prestar contas sobre a forma como atividades são implementadas, e recursos gastos.

Referências bibliográficas

ALLEY, K., NEGRETTO, G. *Literature review*: definitions of capacity building and implications for monitoring and evaluation. New York: UNICEF, Division of Evaluation, Policy and Planning, 1999.

AULETTA, Ken. *Backstory*: the business of news. Londres: Penguin Press, 2003.

BAGLA-GOKALP, Lusin. *Sociologie des organizations*. Paris: La Découverte, 1998.

BARIS, Pierre, RASHEED, Nadia, ZASLAVSKY, Jean. *Repenser la coopération technique*: revue des données statistiques 1969-1999. New York: United Nations Development Programme, 2002. Disponível em:<http://capacity.undp.org/complementary/BarisZaslavskyfinal_Fr.pdf>.

BASER, Heather, BOLGER Joe. From Technical Cooperation to Capacity Development: Changing Perspectives. *CIDA Policy Branch*, fev. 1996. Disponível em: <http://www.acdi-cida.gc.ca/INET/IMAGES.NSF/vLUImages/CapacityDevelopment/$file/1996-02FromTCto CD.pdf>.

BASER, Heather, MORGAN, Peter (com a colaboração de Nimroad Raphaeli). *Review of Technical Assistance Loans in the World Bank*, 1997.

BERG, Elliot J. *Rethinking Technical Cooperation*: reforms for capacity building in Africa. New York: UNDP, 1993. Disponível em: <http://capacity.undp.org/berg/1stpage.pdf>.

BIGNOTTO, Newton. *Pensar a República*. Belo Horizonte: UFMG, 2002.

BOLGER, Joe. *Capacity development*: why, what and how: capacity development occasional paper series. *CIDA Policy Branch*, n.1, maio 2000. Disponível em: <http://www.acdi-cida.gc.ca/INET/IMAGES.NSF/vLUImages/CapacityDevelopment/$file/CapDevOSVol1No1-E.pdf>.

BOSSUYT, J. *Capacity development*: how can donors do it better? European Centre for Development Policy Management (ECDPM), 1994. Disponível em: <http://www.eldis.org/static/DOC3989.htm>.

BOSSUYT, Jean, LAPORTE, Geert, HOEK, F. van. *New avenues for technical cooperation in Africa*: improving the record in terms of capacity building. ECDPM Occasional Paper, 1992.

BROWN, Mercy. *Using the intellectual diaspora to reverse the brain drain*: some useful examples. University of Cape Town South Africa, 2003. Disponível em: <http://www.uneca.org/eca_resources/Conference_Reports_and_Other_Documents/brain_drain-word_documents/brown.doc>.

BROWNE, Stephen. *Beyond aid*: from patronage to partnership. Aldershot: Ashgate, 1999.

BURKE, Peter. Origens distantes da globalização. *Folha de S. Paulo*, São Paulo, 11 jul. 2004. Caderno Mais.

CARDOSO, Sérgio (Org.). *Retorno ao republicanismo*. Belo Horizonte: UFMG, 2004.

CARRINGTON, William, DETRAGIACHE, Erica. How big is the brain drain? *Working Paper*, F22, J61. Washington DC: IMF, 1998.

CATHOLIC AGENCY for Overseas Development (CAFOD). PRS – Poverty Reduction or Public Relations Strategies? *CAFOD Policy Paper*. set. 2002. Disponível em: <http://www.cafod.org.uk/policy-_and_analysis/policy_papers/prs/prs_poverty_reduction_or_public_relations_strategies_pdf>.

CHALITA, Gabriel. *Os dez mandamentos da ética*. Rio de Janeiro: Nova Fronteira, 2003.

CHAMBERS, Robert. *Whose reality counts?* Putting the frist last. London: Intermediate Technology Publications, 1997.

_____. *The new dynamics of aid*: power, procedures and relationships. Brighton: Institute of Development Studies, 2001.

CHANG, Há-Joon. *Chutando a escada*: a estratégia de desenvolvimento em perspectiva histórica. São Paulo: UNESP, 2003.

Cooperação e desenvolvimento humano

COPPEL, Jonathan et al. Trends in immigration and economic consequences. *OECD – Economics Department Working Papers*, n.284, Paris: OECD, 2001.

COX, Aidan, HEALEY, John (Eds.). *European development cooperation and the poor*. London: Overseas Development Institute, 2000.

CRACKNELL, Basil Edward. *Evaluating development aid*: issues, problems and solutions. New Delhi: Sage Publications, 2000.

CRAVINHO, João Gomes. *Visões do mundo*: as relações internacionais e o mundo contemporâneo. Lisboa: Instituto de Ciências Sociais, 2002.

DAHL, Grudun. *Responsibility and partnership in Swedish aid discourse*. Uppsala: University Printers, 2001.

DASGUPTA, Partha, SERAGELDIN, Ismail (Eds.). *Social capital*: a multifaceted perspective. Washington, DC: World Bank, 2000.

DENNING, Stephen. Technical cooperation and knowledge networks. In: FUKUDA-PARR, S., LOPES, C., MALIK, K. (Eds.). *Capacity for development*: new solutions to old problems. London and Sterling, VA: Earthscan e United Nations Development Program, 2002.

DEVAN, Janamitra, TEWARI, Parth S., MCKINSEY & Co. *Emerging markets need not ignore the resources and contributions of their expatriates*. Spectrum: Opinion, 2001.

DIA, Mamadou. *Africa's management in the 1990s and beyond. reconciling indigenous and transplanted institutions*. Washington, DC: World Bank, 1996.

DUBAR, Claude. *La crise des identités*: l'interpretation d'une mutation. Paris: Presses Universitaires de France, 2000.

DUNNING, John H., HAMDANI, Khalil A. (Eds.). *The new globalism and developing countries*. Tokyo: United Nations University Press, 1997.

DYKE, Nancy. *Bearg Alleviating global poverty*: technology for economic and social uplift. Aspen: Aspen Institute, 2001.

EASTERLY, William. *The elusive growth*: an economic's adventures in the tropics. Cambridge: Massachusetts Institute of Technology Press, 2001.

ECDPM. *Approaches and methods for national capacity building*. Maastricht. ECDPM, 1998.

EDGREN, Gus, MATTHEWS, Paul. Preliminary synthesis of emergine research findings: post-turim researcher workshop. preparado por reforming technical cooperation for capacity development. New York: UNDP, 2001.

EDWARDS, Michael. *Future positive*: international cooperation in the 21st century. London: Earthscan, 2000.

EUROSTAT. *Patterns and trends in international migration in Western Europe*. Brussels: EC, 2000.

FORSS, Kim. An evaluation of the capacity-building efforts of the united nations operational activities in Zimbabwe: 1980-1995. *DESA Evaluation*. New York, 1999.

FUKUDA-PARR, Sakiko. Beyond thinking technical cooperation. *Journal of Technical Cooperation*, 2 (2), 145-157, 1996.

FUKUDA-PARR, S., LOPES, C., MALIK, K. (Eds.). *Capacity for development*: new solutions to old problems. London e Sterling, VA: Earthscan e UNDP, 2002.

FUKUDA-PARR, S., HILL, Ruth. The Network Age: Creating New Models of Technical Cooperation. In: FUKUDA-PARR, S., LOPES, C., MALIK, K. (Eds.). *Capacity for development*: New Solutions to Old Problems. London e Sterling, VA: Earthscan e UNDP, 2002.

FUKUYAMA, Francis. *O fim da história e o último homem*. Rio de Janeiro: Rocco, 1992.

GIANNETTI, Eduardo. *Felicidade*. São Paulo: Companhia das Letras, 2002.

GLENN, Jerome, GORDON, Theodore. *2003 State of the Future*. Washington DC: American Council for the United Nations University, 2003.

HANCOCK, Graham. *Lords of poverty*. New York: The Atlantic Monthly Press, 1989.

HAQUE, Nadeem Ul, Khan, M. Ali. Institutional development: skills transfer through a reversal of "human capital flight" or technical assistance. *IMF Working Paper*. Washington DC: IMF, 1997.

HARRISON, E. Lawrence, HUNTINGTON, Samuel P. (Org.) *A cultura importa. Os valores que definem o progresso humano*. Rio de Janeiro: Record, 2002.

HAUCK, V., LAND, T. Beyond the partnership rhetoric: reviewing experiences and policy considerations for implementing "genuine" partnerships in North-South cooperation. *ECDPM – Discussion Paper 20*. Maastricht: ECDPM, 2000.

HELLEINER, Gerry. Local ownership and donor performance monitoring: new aid relations in Tanzania? *Journal of Human Development*, 3 (2). New York: UNDP, 2002.

HILDEBRAND, Mary, GRINDLE, Marilee. *Building sustainable capacity*: challenges for the public sector. Cambridge: Harvard Institute for International Development, 1994.

HOBSBAWM, Eric. *O novo século*. Entrevista a Antônio Polito. São Paulo: Cia das Letras, 2000.

HUNTINGTON, Samuel P. *The clash of civilizations and the remaking of world order*. London: Simon & Schuster, 1996.

_____. *Who are we?* America's great debate. London: Simon & Schuster, 2004.

HYDEN, Goran. Towards a new model of managing development assistance. In: RASHEED, Sadig, LUKE, David Fashole (Eds.). *Development management in Africa*: toward dynamis, empowerment and entrepreneurship. Boulder: Westview Press, 1995.

INTERNATIONAL MONETARY FUND (IMF). *Key features of IMF poverty reduction and growth facility supported programs*, ago. 2000.

IOM. *World Migration Report 2000*. Geneva: IOM, 2001.

JACOBS, C. *Institutional strengthening and technical cooperation*: developing a best practice model. Manchester: Institute for Development Policy and Management (IDPM), 1996. Disponível em: <http://www.man.ac.uk/idpm/hrdg_wp5.htm>.

JOY, Leonard. The changing role of international technical cooperation. In:.COLLINS, Paul (Ed.). *Applying public administration in development*: guideposts to the future. London: John Wiley & Sons, 2000.

KANKWENDA, Mbaya. *Marabouts ou marchands du developpement en Afrique*. Paris: L'Harmattan, 2000.

KAPUR, Devesh. *Diasporas and technology transfer background paper for human development report*. New York: UNDP, 2001.

KAUL, Inge, LE GOULVEN, Katell. Global public goods: making the concept operational. *Global public goods*: taking the concept forward. Office of Development Studies, New York: UNDP, 2001. Disponível em: <http://www.undp.org/ods/worddocs/concept-operatio-nal.doc.>.

KAUL, Inge, RYU, Grace. Global Public Policy Partnerships: Seen through the Lens of Global Public Goods. *Global Public Goods: Taking the Concept Forward*. Office of Development Studies Discussion Paper 17. UNPD, New York, 2001.

KILLICK, Tony. *Aid and the political economy of policy change*. New York: Routledge, 1998.

KOEN, Peter H., OJO, Olatunde J. B. (Eds.). *Making aid work*: innovative approaches for Africa at the turn of the centure. Lahan e Oxford: University Press of America, 1999.

KRAUSE, Keith, KNIGHT, W. Andy (Eds.). State society and the UN system: changing perspectives on multilateralism. Tokyo: United Nations University Press, 1995.

LAFONTAINE, Alain. Assessment of capacity development efforts of other development cooperative agencies. *Capacity development initiative*. New York: UNDP/GEF, 2000. Disponível em: <http://www.Gefweb.org/Documents/Enabling_Activity_Projects/CDI/CD_Efforts.pdf>.

LAND, Tony. Implementing institutional and capacity development: conceptual and operational issues. *ECDPM – Discussion Paper*, n.14, mar. 2000. Maastricht: ECDPM. Disponível em: <http://www.oneworld.org/ecdpm/pubs/dp14_gb.htm>.

LAVERGNE, Real, SAXBY John. Capacity development: vision and implications. *CIDA Policy Branch, Capacity Development Occasional Paper Series*, n.3, Ottawa: CIDA, jan. 2001. Disponível em: <http://www.Acdi-cida.gc.ca/INET/IMAGES.NSF/vLUImages/CapacityDevelopment/$file/2001-01-16finalpaper.pdf>.

LEE, Kuan Yew. *The Singapore story*: Abridged Version. Singapore: Federal Publications, 2000a.

_____. *From third world to first*: the Singapore story 1965-2000. Singapore: Singapore Press Holdings, 2000b.

LOPES, Carlos. La cooperation technique, concept marqué par l'histoire. *Politique Africaine*, 69-82, Paris: Karthala, jun. 1996.

_____. Sustainable development: meeting the challenges of the millennium. *Choices suplement, mobilizing action for sustainable development*: global partnerships for the 21st century. New York: PNUD, 2002. Disponível em: <http://www.undp.org/dpa/choices/supplements/wssd/English%20WSSD.pdf>.

LUSTHAUS, Charles et al. Capacity development: definitions, issues and implications for planning, monitoring and evaluation. *Universalia Occasional Paper*, n.35. Montreal: Universalia, 1999. Disponível em: <http://www.universalia.com/files/occas35.pdf>.

MALIK, Khalid, WAGLÉ, Swarnim. Civic engagement and development: introducing the issues. In: FUKUDA-PARR, S., LOPES C., MALIK, K. (Eds.). *Capacity for development*: new solutions to old problems. London e Sterling, VA: Earthscan e UNDP, 2002.

MAMDANI, Mahmood. *Citizen and subject*: contemporary Africa and the legacy of late colonialism. Princeton: Princeton University Press, 1996.

MARSDEN, David. Indigenous management and the management of indigenous knowledge. In: WRIGHT, Susan (Ed.). *Anthropology of organizations*. London e New York: Routledge, 1994.

MARSH, Ian, BLONDEL, Jean, TAKASHI, Inoguchi. *Democratic governance and economic performance, East and Southeast Asia*. Tokyo e New York: United Nations University Press, 1999.

MAYOR, Frederico. *The world ahead*: our future in the making. London: Unesco e Zed Books, 2001.

MBEMBE, Achille. De la postcolonie: essai sur l'imagination politique dans l'Afrique contemporaine. Paris: Karthala, 1996.

MCGEE, Rosemary. Poverty reduction strategies: a part for the poor?. *IDS Policy Briefing*: issue 13. Sussex: Institute of Development Studies (IDS), abr. 2000. Disponível em: <http://www.ids.ac.uk/ids/publica/briefs/brief13.html>.

MCULLOUGH, David. *Truman*. New York: Touchstone, 1992.

MEYER et al. Turning brain drain into brain gain: the Colombian experience of the diaspora option. *Science, Technology and Society*, v.2, n.2, 1997.

MEYER, Jean-Baptiste. The brain drain new aspects of the South/North exodus: dossier 46. Brussels: *The Courier ACP-EU*, jul./ago. 2001.

MEYER, Jean-Baptiste, BROWN, Mercy. Scientific diasporas: a new approach to the brain drain. *UNESCO, MOST, Discussion Paper Series*, n.41. Paris: UNESCO, 1999. Disponível em: <http://www.unesco.org/most/meyer.htm>.

MIZRAHI, Yemile. Capacity enhancement indicators: review of the literature. Washington DC: World Bank Institute, 2004. Disponível em: <http://www.gtzsfdm.or.id/documents/library/on_cb/WBI_CB%20INDICATORS_LiteratureReview_2004.pdf>.

MOHANTY, J. N. *Classical indian philosophy*. New Delhi: Oxford University Press, 2000.

MORGAN, Peter. The design and use of capacity development indicators. *CIDA Policy Branch*. Ottawa: CIDA, 1997.

_____. *An update on the performance monitoring of capacity development programs*: what are we learning? Ottawa: CIDA, 1999. Disponível em: <http://www.acdi-cida.gc.ca/INET/IMAGES.NSF/vLUImages/CapacityDevelopment/$file/1999-05-03MorganCDIndicatorsupdate.pdf>.

Carlos Lopes

MORGAN, Peter. *Draft background paper on technical assistance*. New York: UNDP, 2001. Disponível em: <http://www.undp-forum.capacity.org/forum/docs/20011029130509.doc>.

MORGAN, Peter, BASER, Heather. "Making Technical Cooperation More Effective: New Approaches in International Development". Technical Cooperation Division, CIDA, julho, 1993. Disponível em http://www.acdi-cida.gc.ca/INET/IMAGES.NSF/vLUImages/CapacityDevelopment/$file/1993-07Morgan-Baser.MakingTCmoreeffective.pdf.

MORGAN, Peter, QUALMAN, Ann. Institutional and capacity development, results-based management and organizational performance. *CIDA Policy Branch*. Ottawa: CIDA, 1996. Disponível em: <http://www.acdi-cida.gc.ca/INET/IMAGES.NSF/vLUImaes/CapacityDevelopment/$file/1996-05RBM&OrgPerf.pdf>.

MORIN, Edgar. A ética do sujeito possível. *Ética, solidariedade e complexidade*. São Paulo: Palas-Athena, 2000.

MURTEIRA, Mário. Economia e gestão do conhecimento: um ensaio introdutório. *Economia global e gestão*, Lisboa: ISCTE. v.IX, n.1, p. 77-117, abril.

NATIONAL SCIENCE FOUNDATION. *International Mobility of Scientists and Engineers to the United States Brain Drain or Brain Circulation?* Disponível em: <http://www.nsf.gov/sbe/srs/issuebrf/sib98316. htm>.

_____. *US Scientists and Engineers, by level and field of degree attained, sex, and citizenship status*. SESTAT, 1997. Disponível em: <http://sestat.nsf.gov/preformatted-tables/1995/tables/tbB05.pdf>.

_____. *Doctoral scientists and engineers y field of doctorate and citizenship status*. SESTAT, 1998.

OECD, CAD. *Development Assistance Committee Preparatory Meeting on Technical Co-Operation. Note on background issues*. Paris: OECD, 1987.

_____. *DAC Principles for New Orientations in Technical Cooperation*. Paris: OECD, 1991.

_____. *DAC Principles for Effective Aid*. Paris: OECD, 1992.

_____. *Shaping the 21st Century*: The Contribution of Development Cooperation. Paris: OECD, 1996. Disponível em: <http://www.oecd. Oecd.org/oecd/pages/document/displaywithoutnav/0,3376, EN-document-notheme-1-no-no-3332-0,00.html>.

_____. *Seminar on Technical Cooperation and Capacity Development*: A Synthesis Report. Paris: OECD, 1997.

Cooperação e desenvolvimento humano

OECD, CAD. *DAC Scooping Study of Donor Poverty Reduction Policies and Practices*. London: Overseas Development Institute, 1999. Disponível em: <http://www.oecd.org/dac/htm/pubs/pov_scop.htm>.

_____. *International Mobility of the Highly Skilled*. Paris: OECD, 2001a.

_____. *The DAC guidelines*: strengthening trade capacity for development. Paris: OECD, 2001b.

_____. *DAC Guidelines on Poverty Reduction*. Paris: OECD, 2001c. Disponível em: <http://www.oecd.org/dac/htm/g-pov.htm>.

_____. *The DAC Guidelines*: strategies for Sustainable Development. Guidence for Development Cooperation. Development Cooperation Committee. Paris: OECD, 2001d.

OXFAM INTERNATIONAL. "Making PRSPs Work: The Role of Poverty Assessments". Strategy Paper, 2001. Disponível em: <http://www.oxfamamerica.org/advocacy/PRSPApril2001.pdf>.

OYOWE, Augustine Brain Drain: Colossal loss of investment for developing countries. *The Courier ACP-EU*. Brussels, 1996.

PANAGARIYA, Arvind. The Indian Diaspora in the United States. *Economic Times*. New Deli, 2001.

PARTANT, François. *La fin du dévelopeement. Naissance d'une alternative?* Paris: François, Maspero, 1982.

PNUD. Relatório de Desenvolvimento Humano, Lisboa: Mensagem, 1990 até 2004.

QUALMAN, A., BOLGER, J. Capacity development: a holistic approach to sustainable development. *Development Express* n. 8. Canada: International Development Information Centre, 1996.

RAJAPATHIRANA, S., LUSTHAUS, C., ADRIENE, M. *Review of the IF for Technical Assistance for trade Development of Least Developed Countries*. Geneva: WTO, 2000.

REALITY OF AID. *Basic briefing on policies and modalities*. London: Development Initiatives, 2000.

REGO, Armênio, TAVARES, Aida, Culturas nacionais e índices de desenvolvimento econômico e humano, *Economia Global e Gestão*. Lisboa: ISCTE, v.IX, n.1, p.33-51, abr. 2004.

RIBEIRO, Gustavo Lins. Power, Networks and Ideology in the Field of Development. In: FUKUDA-PARR, S., LOPES, C., MALIK, K. (Eds.). *Capacity for development*: new solutions to old problems. London e Sterling, VA: Earthscan e UNDP, 2002.

_____. *Pós-imperialismo*. Barcelona: Gedisa, 2003.

RIKKILA, Leena, PATOMAKI, Katarina Sehm. *Democracy and globalization, promoting a north-south dialogue*. Helsinki: NIGD, 2001.

RIST, Gilbert. *Le développement*: histoire d'une croyance occidentale. Paris e Po: Presses des Sciences, 1996.

ROLLEMBERG, Marcello. Ética de papel. *Revista USP*, São Paulo: USP, n.59, p.258-263, set./out., 2003.

SAASA, Oliver, CARLSSON, Jerker. The aid relationship in Zambia: a conflict scenario. Lusaka e Uppsala: Institute for African Studies e Nordic Africa Institute, 1996.

SAKAMOTO, Yoshikazu (Ed.). *Global transformation*: challenges to the state system. Tokyo: United Nations University Press, 1994.

SCHACTER, Mark. Capacity building: a new way of doing business for development assistance organizations. *Policy Brief*, n.6. Ottawa: Institute on Governance, jan. 2000. Disponível em: <http://iog.ca/publications/policybrief6.pdf>.

SEN, Amartya. *Desenvolvimento como liberdade*. São Paulo: Companhia das Letras, 2000.

STIGLITZ, Joseph. *Participation and development perspectives from the comprehensive development paradigm*: remarks at the International Conference on Democracy, Market Economy and Development. Washington DC: World Bank, 1999.

STIGLITZ, Joseph E., YUSUF Shahid (Eds.). *Rethinking the east Asian miracle*. Washington, DC: World Bank and Oxford University Press, 2001.

STRAUBHAAR, Thomas. International mobility of the highly skilled: brain gain, brain rain or brain exchange. *HWWA Discussion Paper* n.88, 2002.

SUMMERS, Larry. *Remarks at the World Bank's country directors' retreat*. Washington DC: World Bank, 2 maio 2001.

UNDP. *Capacity development*: lessons of experience and guiding principles. New York: UNDP, 1994. Disponível em: <http://magnet.undp.org/Docs/cap/CDPRIN1.htm>.

_____. *Capacity development for sustainable human development*: conceptual and operational signposts. New York: UNDP, 1995. Disponível em: <http://mirror.undp.org/magnet/cdrb/CAPDEV.htm>.

_____. Capacity development. *Technical Advisory Paper* n. 2, New York: UNDP, jul. 1997. Disponível em: <http://mirror.undp.org/magnet/cdrb/Techpap2.htm>.

_____. Capacity assessment and development in a systems and strategic management context. *Technical Advisory Paper* n.3 Management Development and Governance Division, Bureau for Development Policy, New York: UNDP, 1998.

Cooperação e desenvolvimento humano

UNDP. *Improving the effectiveness of aid systems at the national level: the case of Mali*. Paris e New York: OECD e UNDP, 1999.

_____. *Overcoming human poverty*: poverty report 2000. New York: UNDP, 2000. Disponível em: <http://www.undp.org/povertyreport/>.

_____. *Development effectiveness*: review of evaluative evidence. New York: UNDP, 2001a. Disponível em: <http://www.undp.org/eo/documents/final_development_effectiveness.pdf>.

_____. UNDP Support for Poverty Reduction Strategies. The PRSP Countries Interim Report. New York: UNDP, 2001b. Disponível em: <http://www.undp.org/poverty/publications/docs/Poverty_UNDP_Support_to_PRS_Sep2001.pdf>.

_____. *UNDP's Engagement in poverty reduction strategy papers*: policy note. New York: UNDP, 2001c. Disponível em: <http://www.undp.org/policy/docs/prsp.pdf>.

UNDP, OECD. *Sustainable development strategies*: a resource book. London: Earthscan, 2002. Disponível em: <http://www.nssd.net/working/resource/indexa.htm>.

UNDP. *Human development reports*. New York: UNDP and Oxford University Press, 1990 a 2001. Disponíveis em: <http://hdr.undp.org/reports/view_reports.cfm?type=1.>

UNDP, UNICEF *Capacity development*: an analysis and synthesis of its current conceptualization and implications for practice. New York: UNDP, 1999.

UNCTAD (2002). *Heads of agencies renew support for trade as best way out of poverty*. Geneva: UNCTAD, 2002. Disponível em: <http://www.unctad-undp.org/news/news260602.htm>.

US CENSUS BUREAU. The Foreign-Born Population in the United States. *Current Population Reports*. Washington DC: USCB, 2000.

VASQUEZ, Adolfo Sanchez. *Ética*. Rio de Janeiro: Civilização Brasileira, 2003.

WEDER, Beatrice. *Model, myth or miracle*: reassessing the role of government in the East Asian experience. Tokyo: United Nations University Press, 1999.

WHAITES, Alan. *Masters of their own development?* PRSPs and the prospect for the poor. California: World Vision, 2002.

WORLD BANK. *Doha Ministerial Declaration*. WT/MIN (01)/DEC/W/1, Geneva: WTO, 2001.

_____. Designing technical assistance projects: lessons from Ghana and Uganda. *OED Precis* n. 95, Washington, DC: World Bank, 1995.

191

WORLD BANK. Technical assistance. *OED Lessons and Practices* n. 7, Washington, DC: World Bank,1996.

_____. Assessing aid: what works, what doesn't, and why? *World Bank Policy Research Report*, Washington, DC: World Bank e Oxford University Press, 1998a.

_____. What is knowledge management? *Background Paper for World Development Report 1998-1999*: knowledge for development, Washington, DC: World Bank, 1998b.

_____. *World Development Report 2002*: building institutions for markets. Washington DC and Oxford: World Bank and Oxford University Press, 2002.

WTO. *Progress report on the Integrated Framework*. WT/LDC/SWG/IF//17/Rev. 1, Geneva: WTO, 17 abr. 2001.

Anexos

Anexo 1

PROGRAMA PONTO QUATRO DO PRESIDENTE TRUMAN

O primeiro programa mundial para a assistência técnica aos países em desenvolvimento veio do Programa Ponto Quatro do presidente dos Estados Unidos, Harry Truman, que pedia ao povo americano para dividir o seu conhecimento e tecnologia com os países em desenvolvimento.

O presidente Truman falava a língua do povo americano e trouxe ao gabinete os valores do homem comum. Nas suas experiências – que iam desde a vida em cidades pequenas e agricultura malsucedida aos campos de batalha da Primeira Guerra Mundial; do insucesso financeiro depois da guerra à política das metrópoles e aos anos revolucionários do New Deal de

---

Washington –, ele participou da grande crônica da vida americana. Embora Truman não tivesse freqüentado a universidade, ele tinha uma paixão infindável pelo conhecimento, e impressionava os seus auxiliares na Casa Branca (educados em internatos e faculdades de prestígio) com o seu vasto conhecimento sobre história. A sua paixão e alta estima pelo conhecimento estão expressas em um discurso de setembro de 1948, quando ele exorta o congresso americano a criar a *National Science Foundation* (Fundação Nacional de Ciência), adicionando que "quanto mais povos no mundo aprenderem as maneiras de pensar dos cientistas, nós teremos uma razão melhor para almejar a paz duradoura e uma vida mais completa para todos".

Durante seu mandato, Truman desenvolveu como nunca uma ação maior dos Estados Unidos nas relações exteriores. No final da Segunda Guerra Mundial, ele havia assumido o comando da mais poderosa nação industrial da terra. Foi um tempo de avanços impressionantes na ciência e tecnologia. Com a morte prematura de Franklin Delano Roosevelt (apenas poucos meses depois da sua quarta posse), Truman se tornou o presidente "acidental". Mais tarde eleito por seus próprios méritos, em 1948, ele queria que o seu discurso de posse fosse um manifesto democrático dirigido aos povos do mundo, não apenas ao povo americano. Antes da posse, ele havia contribuído para a rendição incondicional da Alemanha, o estabelecimento das Nações Unidas, o lançamento do Plano Marshall e a criação da Organização do Tratado do Atlântico Norte (OTAN). Não surpreende que os três primeiros pontos do seu discurso de posse em janeiro de 1949 sustentassem as Nações Unidas, o Plano Marshall e a OTAN. O que pegou todos de surpresa e chamou a atenção, no entanto, foi o Ponto Quatro, que pedia que os avanços científicos e o progresso industrial americanos fossem disponibilizados ao aprimoramento dos países subdesenvolvidos:

Cooperação e desenvolvimento humano

> Pela primeira vez na história, a humanidade possui o conhecimento e a habilidade para aliviar o sofrimento dessas pessoas. Os Estados Unidos são preeminentes entre as nações no desenvolvimento de técnicas industriais e científicas. Os recursos materiais que podemos nos dar ao luxo de usar para a assistência de outros povos são limitados. Mas os nossos recursos inestimáveis de conhecimento técnico estão crescendo constantemente e são inesgotáveis. Eu acredito que devemos disponibilizar aos povos amantes da paz os benefícios do nosso depósito de conhecimento técnico para ajudá-los a realizar as suas aspirações a uma vida melhor. E, na cooperação com outras nações, devemos incentivar os investimentos de capital em áreas que precisam de desenvolvimento.

A idéia por trás do Ponto Quatro havia sido inicialmente sugerida ao Departamento de Estado por Benjamin H. Hardy, um funcionário das relações internacionais, lotado no Brasil, que representava o escritório do coordenador para assuntos interamericanos. Como um jovem repórter do *Atlanta Journal*, ele havia visto como as novas tecnologias, introduzidas pelo programa New Deal de Roosevelt, tinham beneficiado áreas pobres na área rural da sua Geórgia natal. Ele acreditava que a tecnologia americana podia fazer o mesmo em lugares como o Brasil. Propôs, então, um programa global de cooperação técnica aos que eram então conhecidos como os países "subdesenvolvidos". A sua idéia, no entanto, foi dispensada nos níveis mais altos da organização, mas tirada do arquivo morto quando Truman reclamou que as três primeiras propostas para a nova política do governo eram tímidas demais para satisfazer o seu desejo por algo mais dramático. O presidente Truman abraçou a idéia com entusiasmo, e assistiu os países pobres com o quarto ponto do seu manifesto democrático ao mundo, o que pode ser visto como uma extensão, do nível nacional à arena internacional, do New Deal do seu predecessor.

> Depois da proposta Ponto Quatro de Truman, o secretário-geral das Nações Unidas reuniu imediatamente um grupo de trabalho de funcionários de elite das agências especializadas para elaborar um plano para as organizações das Nações Unidas oferecerem suas contribuições. O Programa Estendido de Assistência Técnica (*Expanded Programme of Technical Assistance*), o predecessor do PNUD, foi formalmente estabelecido mais tarde durante aquele ano pelo Conselho Econômico e Social (resolução do ECOSOC 222 {IX}, de 14 e 15 de agosto de 1949) e pela Assembléia Geral (resolução 30 {IV} de 16 de novembro). A Resolução 200 da ONU, que havia sido adotada em 4 de dezembro de 1948, enfocava o "atraso" tecnológico dos países subdesenvolvidos e pedia uma organização de times internacionais de especialistas com o propósito de aconselhar os países em desenvolvimento em conexão com os seus programas de desenvolvimento econômico.

Anexo 2

A DEFINIÇÃO DE "CAPACIDADE" NOS RELATÓRIOS DO DESENVOLVIMENTO HUMANO (RDHS)

A introdução do conceito de capacidade, em 1990, nos RDHs foi inovadora, no sentido de que proporcionava uma lente diferente para medir o desenvolvimento. Nos anos que se seguiram, os RDHs comentaram extensivamente sobre esse assunto:

> O padrão de vida para uma sociedade deveria ser julgado não pelo nível médio de renda, mas pela capacidade das pessoas de viver as vidas que elas valorizam. Os produtos também não devem ser valorizados por si sós – eles devem ser vistos como maneiras

Cooperação e desenvolvimento humano

de melhorar capacidades como saúde, conhecimento, auto-respeito e a habilidade de participar da vida da comunidade (UNDP, 1996).[1]

Segundo o conceito de capacidade, a atenção se concentra nos funcionamentos que uma pessoa pode ou não atingir, dadas as oportunidades que tenha. Os funcionamentos se referem às diversas coisas valiosas que uma pessoa pode fazer ou ser, como viver muito, ser saudável, ser bem nutrida, vivendo bem com outras pessoas da comunidade e assim por diante ... O critério da capacidade se concentra na informação sobre o funcionamento, complementada pela consideração, quando possível, das opções que uma pessoa tem, mas escolheu não usar. Por exemplo, uma pessoa rica e sadia que se torna desnutrida por causa de jejum pode ser distinguida de uma pessoa que é forçada à desnutrição por falta de meios ou como resultado de uma enfermidade parasitária (UNDP, 1997).[2]

O objetivo principal do desenvolvimento humano é desenvolver e usar todas as capacidades humanas. Para que isso seja possível, mais atenção precisa ser dada à capacidade institucional. Capacidades não são apenas qualidades em si (que têm o potencial de ser expandidas e aprimoradas), mas também ferramentas a serem usadas para o melhoramento de ambos: o indivíduo que possui essas capacidades e a sociedade. Isto não pode ser atingido sem a expansão das oportunidades e possibilidades oferecidas pelos mecanismos reguladores da sociedade, como as instituições que dão acesso a bens e serviços. O uso mais completo das capacidades humanas requer o crescimento sustentável econômico e o investimento considerável em seres humanos. A formação de habilidades, em adição à educação geral, promove um uso mais produtivo das capacidades humanas (UNDP, 1990).

---

1 Tradução extraída do Relatório do Desenvolvimento Humano do PNUD, 1996, publicado em português.
2 Tradução adaptada da publicação em espanhol do Relatório do Desenvolvimento Humano do PNUD, 1997.

Por exemplo, alguns países de baixa renda demonstraram que é possível atingir altos níveis de desenvolvimento humano se eles usarem de maneira hábil os meios disponíveis para expandir as capacidades humanas básicas.

Ganhar poder básico depende da expansão das capacidades dos indivíduos – expansão que envolve o alargamento das escolhas e, portanto, um aumento da liberdade. Mas as pessoas só podem exercer poucas escolhas se não estiverem libertas da fome, da necessidade e da privação. Em princípio, por exemplo, todos os indivíduos têm liberdade para comprar alimentos no mercado, mas esta liberdade tem pouco significado se as pessoas são demasiado pobres para poderem comprar alimentos. (UNDP, 1996).[3]

A participação, da perspectiva do desenvolvimento humano, é tanto um meio como um fim. O desenvolvimento humano enfatiza a necessidade de investir em capacidades humanas e depois assegurar que essas capacidades serão usadas para o benefício de todos. Uma participação maior tem papel importante: ela ajuda a maximizar o uso das capacidades humanas e é, portanto, um meio para aumentar os níveis do desenvolvimento social e econômico. Mas o desenvolvimento humano também tem a ver com realização pessoal. Portanto, a participação ativa, que permite às pessoas realizar o seu potencial completo e fazer uma maior contribuição à sociedade, é também um fim em si (UNDP, 1993).

Mas o desenvolvimento de capacidades não é o bastante; as capacidades precisam ser usadas. O desenvolvimento deve habilitar todos os indivíduos a alargar as suas capacidades humanas ao máximo.

Fundamentais para essas prioridades são a igualdade de acesso a meios de desenvolver as capacidades humanas básicas, a igualdade de oportunidades para participar em todos os aspectos

---

3 Tradução extraída do Relatório do Desenvolvimento Humano do PNUD, 1996.

Cooperação e desenvolvimento humano

da tomada de decisões econômicas, sociais e políticas, e a igualdade da recompensa (UNDP, 1995).

Essa eqüidade está, no entanto, nas oportunidades – não necessariamente nas conquistas finais. A cada indivíduo é designada uma oportunidade justa de fazer o melhor uso das suas capacidades potenciais. O mesmo acontece com cada geração. O modo como elas de fato usam essas oportunidades, e os resultados que atingem, são questões de sua própria escolha. Mas elas devem ter uma escolha – agora e no futuro (UNDP, 1994).

As políticas públicas têm por isso de ser dirigidas não só para o desenvolvimento das capacidades das pessoas, mas, também, para adequar essas capacidades às oportunidades – ligar a oferta de capital humano à sua procura ... Quando a oferta e a procura de capital humano estão em equilíbrio – quando as capacidades se adequam às oportunidades – é posto em movimento um processo dinâmico de causalidade cumulativa que pode fazer o crescimento aumentar e a desigualdade diminuir (UNDP, 1996).

Anexo 3

A CINGAPURA DE LEE KUAN YEW E A COOPERAÇÃO TÉCNICA TRADICIONAL

Fundada como colônia de comércio britânica em 1819, Cingapura se tornou um Estado independente em 1965, sob a liderança de Lee Kuan Yew. Ele foi o primeiro primeiro-ministro, e regularmente reeleito em 1959, até quando deixou o governo, em 1990. Na época da independência, Cingapura enfrentava assombrosos problemas econômicos e sociais. O desemprego era alto e estava crescendo (em 1957 a taxa de desemprego era 5%, crescendo para 9,2% em 1966). Havia uma

Carlos Lopes

aguda escassez de habitação e instalações inadequadas de saúde, combinadas a uma alta taxa de crescimento populacional de 4,4% por ano entre 1947 e 1957.

Nas primeiras duas décadas da independência, Cingapura viveu um alto e contínuo crescimento econômico, superando largamente a economia mundial. A taxa de crescimento do PIB nunca ficou abaixo de 5%, e chegou em alguns anos a 15%. Ao mesmo tempo, Cingapura conseguiu manter uma taxa de inflação abaixo da média mundial.

O PIB de Cingapura cresceu 15 vezes em uma geração, de US$ 3 bilhões em 1965 para US$ 46 bilhões em 1997 (em valores do dólar em 1965). A renda anual *per capita* cresceu de menos de US$ 1.000 na época da independência para quase US$ 30.000 hoje, a oitava mais alta do mundo em 1997 e 1998, e a nona em 1999. As taxas de alfabetização cresceram em 20% entre os homens e 46% entre as mulheres. A taxa de alfabetização atual está acima dos 90%, uma das mais altas da Ásia. A taxa de alfabetização em duas línguas ou mais é de 56%.

O crescimento econômico de Cingapura nos últimos trinta e cinco anos aconteceu no contexto de uma combinação única de fatores políticos, econômicos e sociais. Uma pequenina ilha sem recursos naturais, abastecimento de água adequado ou capacidade de defesa próprios, Cingapura estava rodeada pela incerteza a respeito de sua sobrevivência, na época da independência. Os três anos e meio de ocupação japonesa (1942-1945) estavam vivos na memória dos primeiros líderes de Cingapura, cujas decisões se baseavam largamente na luta pela sobrevivência. O medo de ser engolida e a atmosfera da Guerra Fria influenciaram o ambiente político do lugar.

As estratégias anticomunistas dos Estados Unidos na Ásia desempenharam um papel favorável no crescimento de Cingapura e das outras economias do leste da Ásia, propiciando garantia de segurança, ajuda estrangeira e de desenvolvimento, e

Cooperação e desenvolvimento humano

acesso livre aos mercados americanos. Convertendo algumas das instalações militares britânicas em instalações comerciais e industriais e treinando trabalhadores desempregados para novas funções, Cingapura se tornou um centro fornecedor para as forças americanas e realizou reparos de navios durante o crescente envolvimento americano na Indochina, o começo do que transformou Cingapura no primeiro porto do mundo.

Lee Kuan Yew, o fundador da moderna Cingapura, é o exemplo definitivo de um fomentador da construção da apropriação nacional. Ele acreditava que uma força de trabalho treinada e competente e um governo forte e eficiente eram cruciais à transição de um país do terceiro para o primeiro mundo. O mérito era prioritário para Cingapura. Altamente preocupado com seu conjunto de talentos, o governo criou incentivos para que os homens se casassem com mulheres do mesmo nível educacional. A compreensão de Lee de que talento é o bem mais precioso de um país, principalmente em países pobres em recursos como Cingapura, levou a numerosas políticas que objetivavam reduzir a fuga de cérebros e trazer talentos estrangeiros para Cingapura.

Segundo Lee, os valores de Confúcio de respeito à ordem, harmonia, diligência e trabalho eram cruciais para as conquistas do país. Lee afirmava que as sociedades confucianas, ao contrário das sociedades ocidentais, acreditavam que o indivíduo existe no contexto da família, dos amigos e da sociedade, e que a democracia não somente não funciona nelas, mas também não é bem-vinda, porque os asiáticos vêem nela "uma ruptura da sociedade civil com armas, drogas, crimes violentos, vagabundagem e comportamento público vulgar". Estas visões altamente controversas influenciaram tipos particularmente autoritários de instituições. Mas pode-se afirmar que elas reconheciam o engajamento civil como fundamental.

Lee estava determinado a evitar a dependência de ajuda estrangeira e a criar, em vez disso, um espírito de autoconfiança:

> A assistência deve proporcionar a Cingapura empregos nas indústrias, e não tornar-nos dependentes de perpétuas injeções de ajuda. Eu disse aos nossos trabalhadores: "O mundo não nos deve a vida. Nós não podemos viver de pedir esmolas."

Suas visões determinadas não impediram o uso dos tipos mais tradicionais de assistência técnica.

Segundo Lee:

> Colocamos nossas esperanças no time da Assistência Técnica das Nações Unidas [predecessor do PNUD] que chegou em outubro para pesquisar um lugar para uma possível indústria em Jurong e para aconselhar sobre os tipos de indústria adequados a ele. Nós fomos felizes na escolha do líder, Dr. Albert Winsemius. Industrial holandês, ele passou três meses em Cingapura e fez a primeira de muitas contribuições importantes ao desenvolvimento de Cingapura. Ele era um empresário prático e obstinado, com uma compreensão da economias européia e americana do pós-guerra. Winsemus foi conselheiro econômico de Cingapura por vinte e três anos até 1984. Para superar as desvantagens de Cingapura, Lee criou uma estratégia arbitrária. O primeiro passo, superar os países da região, foi sugestão de um especialista do PNUD que havia visitado Cingapura em 1962 e depois se encontrou com Lee na África em 1964. Ele descreveu ao líder de Cingapura a experiência em Israel do crescimento proveniente da exportação. De maneira semelhante, Cingapura poderia evitar os seus vizinhos mal-intencionados e se ligar aos Estados Unidos, à Europa e ao Japão, "e atrair as suas indústrias manufatureiras para produzir em Cingapura e exportar os seu produtos para os países desenvolvidos".
>
> Se Cingapura pudesse estabelecer padrões de primeiro mundo à segurança, saúde, educação, telecomunicações, transportes e serviços, no nível público e privado, se transformaria em uma base para empresários, engenheiros, administradores e outros profissionais que tinham negócios na região. Isto significaria que teríamos que treinar e equipar o nosso povo para oferecer padrões de serviço de primeiro mundo. Eu acreditei que fosse pos-

Cooperação e desenvolvimento humano

> sível, que poderíamos reeducar e reorientar o nosso povo com a ajuda de escolas, sindicatos comerciais, centros comunitários e organizações sociais.
>
> Lee conclui dizendo que "sem talento estrangeiro, nós não poderíamos ter-nos saído tão bem". Como fica claro pelas atribuições do engenheiro do milagroso crescimento de Cingapura, até o mais tradicional papel da assistência técnica, oferecida nos primeiros anos do estabelecimento do país, teve um papel fundamental na decolagem do crescimento econômico de Cingapura. A realidade de hoje é certamente distinta.
>
> Fonte: Lee (2000a e 2000b).

Anexo 4

> ### A EXPERIÊNCIA CAMBOJANA
>
> O Camboja completou e submeteu uma Estratégia Provisória para Redução da Pobreza (ERP-I) em outubro de 2000 e se espera que a ERP completa só esteja pronta em outubro de 2002. O processo da ERP-I no Camboja foi empreendido em maio de 2000 e foi completo em 20 de outubro de 2000. A ONG *Fórum* realizou uma crítica profunda ao documento final ERP-I. ONGs locais cambojanas também participaram desse fórum. Outras instituições que trabalhavam em ERPs no país incluíam o respeitado Instituto de Desenvolvimento e Pesquisa Cambojano (CDRI), Oxfam, que submeteu um relatório no processo de ERP em março, assim como algumas agências das Nações Unidas, incluindo o PNUD. A ERP-I passou por um total de oito rascunhos e as consultas foram baseadas neles. Entretanto, todos os tais rascunhos estavam em inglês e não

foram traduzidos para o khmer. Isto levou à exclusão da maioria das ONGs khmer da participação no processo de consulta, especialmente daquelas localizadas nas províncias, bem como muitas nos vários ministérios que poderiam ter contribuído para a ERP-I.

A comunidade das ONGs planejou realizar consultas entre agosto e setembro. Entretanto, a seção de encontros no processo de consulta ocorreu em agosto de 2000 e consistiu na reunião do governo real do Camboja (GRC), doadores e instituições financeiras internacionais. O dirigente da ONG Fórum e o Comitê de Cooperação do Camboja (CCC), ambos ex-exilados, foram convidados a participar, mas sentiram-se pouco à vontade para fazer contribuições significativas antes que as consultas às ONGs ocorressem, já que eles não eram representativos da comunidade mais ampla de ONGs. Em seguida à reunião, várias consultas às ONGs foram conduzidas, incluindo um seminário de um dia em outubro de 2000, cujos resultados foram enviados ao conselho intergovernamental para ser revistos e incluídos na ERP-I. Entretanto, o conselho já havia aceitado a ERP-I e a enviado a Washington para aprovação.

Em resposta à preocupação das organizações da sociedade civil em relação à falta de envolvimento durante a preparação da ERP-I, as agências das Nações Unidas, PNUD e outros doadores bilaterais defenderam veementemente que os processos de redução de pobreza levassem em conta a capacidade de absorção limitada do país. Em sua revisão da ERP-I do Camboja, o FMI também comentou a fraca capacidade administrativa do governo e as dificuldades de coordenação de arranjos entre diferentes governos e agências doadoras e entre as várias iniciativas de políticas e de planejamento. O centro do programa PNUD/SIDA em apoio ao monitoramento da pobreza irá visar ao fortalecimento da capacidade do Conselho para Desenvolvimento Social, uma instituição interministerial orientada por

Cooperação e desenvolvimento humano

políticas e responsável por iniciar, promover, coordenar e revisar políticas e programas em benefício dos pobres. Um componente de liderança do desenvolvimento de capacidades será estabelecido para apoiar a capacidade dos tomadores de decisão.

Mesmo antes de seu lançamento, a ERP no Camboja já era redundante. Em complementação à ERP do Banco Mundial, o Camboja tinha um plano socioeconômico (PSE) apoiado pelo Banco de Desenvolvimento da Ásia (BDA), cuja primeira fase durou de 1995 a 2000 e a segunda, a PSE-II, estava sendo formulada justamente na época em que a ERP apareceu. O GRC perguntou aos seus doadores no encontro anual para consulta, em 2000, se lhe era permitido combinar as duas estratégias em um só documento. Entretanto, os dois principais adversários, o Banco Mundial e o BDA, não foram capazes de reconciliar suas diferenças e o GRC, temeroso em perder o apoio de qualquer um dos dois, foi forçado a planejar e operacionalizar ambos os planos com um governo sobrecarregado e sem recursos, cujos ministérios lutariam para satisfazer as demandas dos dois maiores financiadores, enquanto tentava se manter dentro das restrições ditadas pelo FMI em relação à estabilidade fiscal.

As prioridades nacionais foram novamente desconsideradas em termos da escolha do momento adequado para a ERP. Originalmente ela deveria ter sido iniciada e completa até o final de 2001, tornando-a disponível *on-line* pouco depois que a PSE-II fosse aprovada em março de 2001. A rapidez da transformação da ERP-I em outubro de 2000 para a ERP completa em dezembro de 2001, casada com o processo da PSE-II, foi insustentável e muitos comentadores externos, incluindo PNUD e SIDA, pressionaram para que o Banco Mundial diminuísse a velocidade desse processo. Foi somente em abril de 2001, entretanto, quando o Banco Mundial, depois que a própria PES-II foi suspensa até dezembro de 2001, sensibilizou-se e, em consulta com o GRC, determinou um novo prazo para o final de 2002.

Fonte: PNUD, 2001c, e *World Vision*, 2002.

Anexo 5

A EXPERIÊNCIA DO SENEGAL

A ERP-I do Senegal foi aprovada pelo Banco Mundial e pelo FMI em junho de 2000 e o prazo para submissão final da ERP completa foi definido para dezembro de 2001, deixando assim ao Senegal um ano e meio para completar a ERP. Entretanto, o processo só foi lançado oficialmente no fim de junho de 2001 em um seminário nacional, comprimindo o processo em seis meses. No seminário estiveram presentes os governos local e central, ONGs, sindicatos comerciais, o setor privado, universidades e doadores. Nele apresentaram-se informações sobre a iniciativa dos PPME e sobre o compartilhamento do diagnóstico nacional da pobreza, bem como da metodologia de formulação da ERP. Esperava-se que a sociedade civil comentasse a análise já preparada pelo governo sem tê-la recebido antecipadamente.

Como resultado do tempo limitado, muitos dos componentes cruciais do processo de ERP foram discutidos apressadamente em julho e agosto, enquanto a síntese de todos os estudos e levantamentos foi feita em apenas quinze dias de novembro e apresentada como um rascunho de ERP, repassado para sujeição em dezembro de 2001. Uma área notável de participação enfraquecida da sociedade civil se deu no nível da po-

Cooperação e desenvolvimento humano

lítica macroeconômica e se reconheceu unanimemente entre os doadores, o governo e a sociedade civil que esta última prescindia de capacidade para participar de modo efetivo naquele nível. Restrições de tempo no processo de ERP comprometeram, assim, de acordo com muitos dos participantes, não apenas a qualidade da análise dos dados e as estratégias propostas resultantes, como também a participação da sociedade civil, que foi percebida mais como intelectual do que como um exercício efetivo.

Fonte: PNUD, 2001c, e *World Vision*, 2002.

Anexo 6

REMESSAS

A crescente importância social e econômica das remessas tem chamado a atenção nacional e internacional. Em 1998, a quantidade global de remessas era de US$ 52,4 bilhões, o mesmo montante da Assistência Oficial para o Desenvolvimento, de US$ 52 bilhões, naquele ano (Kapur, 2001). Na Albânia, as remessas são equivalentes a uma vez e meia suas exportações de bens e serviços, e na Índia, Marrocos e Grécia elas totalizam cerca de 20% das exportações. Em 1999, 70% dos US$ 50 bilhões gastos pela China em investimento externo direto vieram dos chineses residentes no exterior. Entretanto, há casos como o do Sri Lanka, em que imigrantes qualificados não fazem remessas. Daí a importância de se encorajar fluxos de remuneração de investimento e remessas, como forma de capturar esse benefício potencial e canalizá-lo para o desenvolvimento local.

> **Programa mexicano "3 por 1"**: em julho de 2001, o governo mexicano anunciou um "programa de apadrinhamento" que encoraja os méxico-americanos a investir no México. O estado de Zacatecas, que depende de um elevado grau das remessas, oferece bom exemplo de políticas formuladas para estimular essas remessas. Pelo atual programa "3 por 1", cada dólar contribuído por um imigrante ou associação da cidade natal nos Estados Unidos para projetos de desenvolvimento da comunidade, como, por exemplo, pavimentação de ruas, é casado com 3 dólares adicionais, cada um proveniente dos governos federal, estadual e local. O programa "3 por 1" melhora a infra-estrutura, mas não cria empregos. Porém, por meio de um novo programa, o governo do estado de Zacatecas e o Banco Interamericano de Desenvolvimento oferecem apoio à infra-estrutura e financiamento para os migrantes regressos que investirem suas remessas em empresas que criem empregos.

Anexo 7

> ### OS PRINCÍPIOS DE BELLAGIO
>
> - Uma clara visão diretiva de desenvolvimento sustentável e os objetivos que o definem.
> - Uma perspectiva holística, que inclua: a revisão de todo o sistema, bem como de suas partes; consideração do bem-estar dos subsistemas social, ecológico e econômico; avaliação de conseqüências tanto positivas quanto negativas das atividades, refletindo os custos e benefícios para sistemas humano e ecológico em termos monetários e não-monetários.
> - Julgamento de elementos essenciais, isto é, verificação da eqüidade e disparidade dentro da população atual, bem

Cooperação e desenvolvimento humano

como entre as gerações presente e futura; conhecimento das condições ecológicas de que a vida depende; definição do desenvolvimento econômico e de outras atividades, fora do mercado, que contribuam para o bem-estar humano/social.

- Escopo adequado, adotando um horizonte de tempo que seja longo o suficiente para capturar tanto as escalas de tempo humana como do ecossistema, a fim de definir espaços de estudo amplos o suficiente que incluam não apenas os impactos locais, mas também impactos remotos em pessoas e ecossistemas, baseando-se em condições históricas e atuais e prevendo condições futuras.
- Enfoque prático, que deveria ser colocado em um conjunto explícito de categorias; em um número limitado de assuntos-chave para análise; em uma quantidade restrita de indicadores que ofereçam um sinal mais claro de progresso; em padronização da mensuração para permitir comparações; e em comparação de valores dos indicadores para as metas, valores de referência, variedades e direção de tendências.
- Transparência, isto é, acessibilidade de todos a dados e métodos, esclarecimento dos julgamentos, premissas e incertezas nos dados e interpretações.
- Comunicação efetiva, que deve ser formulada para que se dedique às necessidades de todos os usuários; deve se basear em ferramentas que sejam estimulantes e que sirvam para engajar os tomadores de decisão; precisa apontar para simplicidade na estrutura e para o uso de linguagem clara e simples.
- Participação ampla, compreendendo os tomadores de decisão, pessoas locais importantes, grupos profissionais, técnicos e sociais (incluindo jovens, mulheres e pessoas nativas).
- Avaliação contínua, que requer o desenvolvimento de capacidades para mensuração repetida; interação, adaptação e resposta a mudanças e incertezas; ajuste dos objetivos, arca-

bouços e indicadores à medida que novas percepções são obtidas; promoção do desenvolvimento de aprendizado efetivo e *feedback* para a tomada de decisões.

- Capacidade institucional. A continuidade da avaliação de progresso deve ser assegurada por:
  - atribuição de responsabilidades e fornecimento de apoio continuado no processo de tomada de decisões;
  - fornecimento de capacidade institucional para a coleta de dados, manutenção e documentação;
  - apoio ao desenvolvimento da capacidade de avaliação local.

SOBRE O LIVRO

Formato: 14 x 21 cm
Mancha: 23 x 43 paicas
Tipologia: Iowan Old Style 10/14
Papel: Offset 75 g/m² (miolo)
Cartão Supremo 250 g/m² (capa)
1ª edição: 2005

EQUIPE DE REALIZAÇÃO

Coordenação Geral
Sidnei Simonelli

Produção Gráfica
Anderson Nobara

Edição de Texto
Mônica Glasser Santi (Preparação de Original)
Sandra Regina Souza e
Sandra Garcia Cortes (Revisão)

Editoração Eletrônica
Guacira Simonelli (Supervisão)
Luís Carlos Gomes (Diagramação)